JN087213

経済学部教授と
キャリアコンサルが教える

就活最強の教科書

安藤至大・高橋亮子

日本経済新聞出版

はじめに

 こんにちは。日本大学経済学部の安藤です。

 こんにちは。キャリアコンサルタントの高橋です。

 高橋さんには、私のゼミ生のエントリーシートに対してコメントをもらうなど、いつもお世話になっているわけですが、今回は一緒に就活生向けの本を書くことになりました。

 はい。就職活動の常識は急速に変化しています。一方で変わらないことも多くあります。本書を通じて、就活にのぞむ学生の皆さんが**最低限知っておくべき事項**をお伝えできればと思います。

 そうですね。

 先生の学生を見ていても感じることですが、いまの学生は本当によく勉強

しています。就職活動についても、非常に時間をかけて取り組んでいます。

はい。そう思います。しかし残念なことに、努力するポイントがズレていると感じるケースもありますよね。「そこじゃないんだよな、もったいない!」と言いたくなるのをグッと我慢することもあります。

だからこそ本書の意味があるわけですね。ほとんどの学生にとって、就職活動は人生を左右するとても重要なイベントです。最初にどんな会社で働くことになるのかによって、大袈裟ではなく、その後の一生が決まることにもなるからです。

それなのに多くの学生は、**就職活動というゲームのルール**を知りません。

ゲームのルールですか?

はい。ゲームと書くと「就活は遊びじゃない」と反発する人がいるかもしれませんが、重要なのは就活にはルールがあるという点です。

納得のいく形で就活を終えるためには、どの時期にどんな活動をなぜやるのかを理解すること、またエントリーシートの記載事項や面接で受ける質問の意味などを正確に捉えることが必要です。よく考えている学生は、自分でその構造に気づくわけです。

そうですね。しかし環境も重要です。

就職に強いと言われる大学では、学生がそもそも優秀というだけでなく、学生をサポートする力も強いですね。いまは大学1年生の頃からキャリア教育を行うケースも多いようです。

はい。私が働く日本大学経済学部では就職指導課といいますが、キャリアセンターの果たす役割がまずは大きい。またゼミナールやサークル活動、そして体育会などでも蓄積されたノウハウが引き継がれています。

 学生が意識していなくても**自然と就活に必要な知識を得られる環境**にあるというのは、かなりのアドバンテージですね。

 しかし、大学によってはそのような情報を得にくい場合もあります。このように**スタート地点で情報格差がある**と、同じくらい優秀な学生でも就活において後れをとってしまう可能性があります。

また社会全体の利益を考えても、適材適所が実現していないことにつながり、もったいない状況です。

 いまは新型コロナウイルス感染症の問題もあり、就職に強いと言われる大学でも先輩から後輩へ知識が伝わる経路が機能不全になっている点も見逃せません。

 そこで本書では、**ふつうの大学生を想定読者として**、就職活動シーズンに入る前に知っておいていただきたい事実や考え方を素朴な**対話形式で紹介**していきます。もちろん登場する学生は実在の人物ではなく、会話もフィクションです。

 ふつうの大学生というところが鍵ですね。

 はい。必ずしも恵まれた環境にいるとは限らない、また高い意識を持って大学1年生の頃から就活を意識した生活を送ってきたわけではない「ふつうの大学生」に対して、就活のスタートラインに立つための情報をお伝え

したいのです。

読者の皆さんが、**登場人物たちの悩みや学びを通じて、基本的な考え方を理解**できるとよいのですが。

そうですね。また本書は徹底的に読みやすくすることにこだわりましたが、ワークシートなどもつけてありますので、読んで終わりではなく、実際に自分でもやってみることが重要です。

ところで本書では、大学2年生から4年生までが登場します。その活動を見て「2年生でここまでやらないと間に合わないの?」とか「自分はもう3年生だし」などと不安になってしまう学生がいるかもしれません。

はい。その点は心配しないでください。**基本的な考え方を理解することが結局は近道**ですので、上級生の皆さんにも、ぜひ本書を最初から読んでいただきたいと思います。

反対に、内々定を得た4年生のパートに登場するワークシートを1年生や2年生でやってみることも有益です。

それでは前置きはこのくらいにして、さっそく内容に入っていきましょうか。

そうですね。それでは始めましょう!

2021年8月20日　安藤至大、高橋亮子

目次

第1話

相談者：神田大輔さん（大学2年生）

就活研究室：

第2話

エントリーシートを完成させるには?

····058

第3話

就職活動
これからどうする？

相談者：三崎翔さん（大学3年生）

就職活動、始まりました。

第5話

働く会社が選べません。

· · · · 204

最終話

僕、決めました。
就職活動、始めます。

 本書のワークシートは、サポートサイトにも掲載されています。
必要に応じて印刷して御活用ください。
https://tune-office.com/shukatsu/

人物紹介

N大学経済学部

就活に
興味あり

神田大輔
（大学2年生）

就活中!!

三崎 翔
（大学3年生）

内々定2社で
迷い中

神保さくら
（大学4年生）

大輔のゼミOB
明日香

翔の友人
タカシ

さくらの母

N大学経済学部
安藤先生

学生の就職相談にのる
高橋さん
（キャリアコンサルタント）

経済学部教授と
キャリアコンサルが教える

就活最強の教科書

就職活動、不安です。

第1話の主人公・大輔はN大学経済学部の2年生。労働経済論を担当する安藤先生のゼミに所属しています。就活について先輩たちの経験談を聞いているうちに不安になった大輔は安藤先生に相談のメールを書きました。すると「就職活動についてですね。それなら良い人がいるから会ってみませんか」とキャリアコンサルタントの高橋さんを紹介されたのです。本日は指定されたカフェで初回の面談です。

（時間にギリギリで間に合った。どこにいるのかな？　あ、あの人だ！）

こんにちは、高橋さんですね。13時に約束していた神田大輔（かんだだいすけ）といいます。N大学経済学部安藤ゼミの2年生です。

こんにちは、神田さん。安藤先生から話は聞いています。

今日は就活のことで相談したくて来ました。さっそくですが、いいですか？

安藤先生に**「就職活動が不安なんです」**と相談のメールを書いたんです。そうしたら、高橋さんに会ってみるようにと言われました。まだ2年生だし、焦りすぎかとも思うのですが、やはり一生のことなので……。

不安な気持ち、わかりますよ。準備が必要だということは理解していても、**具体的に何から始めればよいのか**が難しいですよね。

そうなんです！　どうすればいいか教えてほしいと思って安藤先生に連絡したのですが……。

「どうすればいいか」ですか。残念ですが、**就職活動に「これをやれば大丈夫！」という正解はありません**。まずはこのことを理解しましょう。

なぜかというと、すべての企業は、**それぞれ異なる採用基準を持っている**からです。また同じ企業でも、採用担当者の好みや相性によって決まるところもありますしね。

うーん。

そして「教えてほしい」というのではなく、ぜひ一緒に考えていきましょう。

まず企業はどんな学生を採用するのか。結論から言ってしまえば、**「この人と一緒に働きたいと思えるかどうか」で判断している**のです。

「一緒に働きたいと思える」ですか……。

学生だけでなく企業側も不安⁉

先ほど神田さんは「就職活動が不安」と言っていましたが、学生の視点から理解しておく必要があるのは、企業や採用担当者の側も、正社員を採用する際にはとても不安に感じているということです。

えっ、企業も不安⁉　なんでですか？？？

企業が1人の学生を正社員として雇用する際には、とてもお金がかかります。たとえば、厚生労働省の賃金構造基本統計調査を見ると、大卒・大学院卒の労働者が**60歳までに得る生涯賃金**の平均は、**男性で2億7210万円、女性は2億1570万円**です。

すごい金額ですね……。

これは平均的な転職をしているケースで、退職金や61歳以降の賃金は含まれません。もちろん働く会社によって、また人によっても違いがあることには注意してください。

また企業が人を雇う際に負担するのは、労働者に対して直接支払う賃金だけではありません。社会保険料の企業負担部分やオフィススペースの確保、その他福利厚生などさまざまな面でお金がかかります。乱暴な計算ですが、たとえば賃金の1.5倍と考えると、**男性では4億円を超える金額**になります。

神田さんの友達をひとり思い浮かべてみてください。もし採用する立場だったとして、その人に4億円を払えますか?

無理です!

即答ですね(笑)。

もちろん採用した時点で全額を払うわけではありませんし、雇った労働者は働いて価値を生み出してくれます。しかし正社員として一度採用すると、長期的な関係になります。正社員にはできるだけ長い期間活躍してほしいと多くの企業は考えますし、法的にも一度雇用するとなかなか関係を解消するのが難しいという側面もあります。そう考えると、会社に貢献してくれる可能性が高い人を厳選して採用しなければなりません。

このように考えると、学生の皆さんが不安だということ以上に、**企業側も不安でいっぱい**だということがわかります。

企業も不安なのか……。

この企業や採用担当者の不安を解消することが、**就職活動をゲームとして捉えたときの攻略ポイント**なんです。

就活というゲームのルールを知ろう

 「ゲーム」ですか!?

 はい。真面目に取り組んでいる学生の立場からは、「就活はゲームじゃなくて一生がかかっているんだ」と感じるかもしれません。

しかしここで言うゲームとは遊びという意味ではありません。**決められたルールのもとで戦略的に行動を選択する状況**のことです。このような言葉の使い方は、経済学では一般的なものですよね。

 はい、ミクロ経済学の授業でゲーム理論について学びました。あの「ゲーム」ですね。

 そうです。けれども多くの学生は、就活というゲームのルールを明確に意識せずに手探りで活動を進めてしまいます。その際には、うまくいった先輩の体験談や就活本などを参考にしますが、表面的に真似をして逆効果になったりもするわけです。

 有名企業から内定を得た先輩の話を聞いても、実際に自分がどうすればいいのかはなかなかわからないですしね。

 就活には、明示されているものだけでなく暗黙のものも含めて、さまざまなルールがあるんですよ。

 うーん、なんでちゃんと教えてくれないのかな。たとえば、僕がやってい

た野球だと、きちんとルールを教えてもらえますよ。

 その**ルールを認識して理解するところも含めて、就活というゲーム**なのかもしれませんね。

ただし大学によって差がありますし、所属しているゼミやサークルによっても違いますが、上級生からさまざまな情報が伝えられることがあります。

 はい。うちの大学にも「就職に強い」と言われているゼミがあります。

 そうですね。つまり良い環境にいれば自分で考えなくても自然と必要な情報を得ることができるのです。ここに**学生間の情報格差**があります。

 なんだかズルいようにも感じますが……。

 しかし、自然と情報が伝わってしまうのを防ぐことはできません。どんな先輩がどの会社に就職したのか、その際にどのような活動が評価されたのか、いつごろから取り組みを行っていたのかなどの**情報が自然と共有されている**わけですから。

本人たちはそれが当たり前であり意識していないかもしれませんが、**大きなアドバンテージ**になります。

これに対して情報を得られない場合には、人柄もよく企業で活躍できそうな学生でも就活のルールを理解する段階で手間取ってしまい、結果として就活がうまくいかないことも考えられます。何しろ自分で全部考えないといけないわけです。

サークルには入っているのですが、コロナ禍であまり活動できていないので、先輩の就職活動についてはよくわかりません……。

 そうですか。それではこれから就活のルールについて一緒に学んでいきましょう。

 はい！　よろしくお願いします。

企業側の不安について理解しよう

 先ほど、企業や採用担当者も不安だという話がありました。その不安を解消することがゲームの攻略ポイントだというのが気になっているのですが、具体的に何をすればよいのですか？

 わかりました。その点を一緒に考えていきましょう。

就活において神田さんは、志望する企業との間でコミュニケーションをとっていく必要があります。まずは**自分の存在を相手である企業に知ってもらう**必要があるのですが、そのために何をすればよいのでしょうか？

 えーと、**まずはエントリーシート（ES）**です。就活に積極的な友人は、2年生のうちからインターンシップに応募するとか言っていて、僕もESを見せてもらいました。志望動機とか自己PRとか書くところがたくさんあるなーって思いました。

どんなことを書けばいいのか……難しいですね……。

 それが先ほどの攻略ポイントを理解するためのカギになります。

 「企業の不安を解消する」ですよね。相手が不安だから、その不安を解消する必要がある……というのはわかりますが、実際のところ、企業はどんなことが不安なんでしょうか？

 神田さん、良いところに気づきましたね。企業側の不安とは具体的にどのようなものでしょうか？　正社員を1人雇うのには非常にコストがかかるという話はすでにしましたが。

 「良い学生が来てくれるかな」とか「採用するつもりの人数を確保できるかな」とか、そんな感じでしょうか？

 いいですね！　企業の**採用担当者の視点から考える**ことができていますね。ほかに何かありませんか？

 （当たった！）あとは、会社の悪口がインターネットに書かれていないかなどですか？

 まぁ、それも心配かもしれませんが、まずは採用そのものについて考えましょう。

企業が感じている不安の1つ目は、神田さんが言うように、「良い学生が来てくれるか」です。**会社に入ったあと、必要な仕事をこなせる能力があるのか**が関心事なのです。そして人事担当者としては、新人を配属した部署の上司から**「誰があんなの採ったんだ!?」**などと言われたくない。まずはこのことを理解しましょう。

それはそうかもしれませんね。

 企業としては、採用した学生が「きちんと活躍してくれるかどうか」というのが最大の問題なわけです。その意味では採用担当者から見た「良い学生」とか「優秀」というのは、学業成績で測るものではなく、仕事を適切にこなせるかにかかっています。また仕事から何かを学び、成長できる人材かという点も重要ですね。

ほかにどのような点を会社側が不安に感じていると思いますか？

 うーん、ほかにですか。難しいですね……。

 たとえば、神田さんが採用試験を受けて、「とても優秀だ」と評価されて**「ぜひ一緒に働いてほしい」と向こうが考えた**とします。このとき企業側はどのようなことを不安に思うでしょうか？

 不安もなにも、良い学生と出会えてよかったと思うのでは？

 企業側は、**「こんなに優秀な学生なら、ほかの企業からも当然内定が出るだろうな」**と考えるのではないでしょうか。

 確かに。僕は優秀なんですもんね！

 そうですよね（笑）。

しかし、ほかの会社からも高く評価される学生であれば、「うちが内定を出したとして、本当に来てくれるのかな」「後になって内定辞退ということにならないかな」という不安を持つことになりませんか？

 そっか。学生側も企業を選んでいるわけですもんね。「能力が高い学生を採用できるか」だけでなく、**「その学生が本当に入社してくれるか」**も心配しているわけですね。

 また採用してから、**すぐに辞めてしまわないか**というのも懸念事項です。

厚生労働省の調査によると、大卒で就職したあと3年以内に退職してしまう割合は、2017年3月に卒業した学生で32.8%となっています。つまり**3年以内に、およそ3分の1が辞めてしまう**わけです。

そして新卒で採用した後には、当分の間は研修もありますし、利益にはほとんど貢献しない社員に給料を支払っている状態です。一通りの研修を終えて、これから活躍してもらおうという段階で辞められてしまっては、会社としてはたまりません。

 3割が辞めちゃうのか……。それは確かに企業側も不安だよな。

いまの話で、能力が高く、本当に来てくれて、そして辞めない人であることを会社は求めているというのはわかりました。

 もちろん、それだけではないのですが、就職活動について考え始めたばかりの神田さんは、まずはその点に注目していれば十分です。

そして就職活動をしていくうえで必ず登場するエントリーシートの記載事項や面接での質問内容というのも、基本的にはこれらの不安を解消するためのものです。

エントリーシートに書く内容とはどのようなものか知っていますか?

企業の不安とエントリーシートの関係

 えーと、氏名と住所などの連絡先、あと学歴や所属ゼミを書く欄はあったと思います。あと志望動機や自己PRでしょうか。

 そうですね。やはり**注目ポイントは志望動機と自己PR**です。

これらは直接的に「自己PRを書いてください」などと記載されているとは限りません。たとえば、「学生時代に力をいれたこと」という、いわゆる「ガクチカ」なども、自己PRと同じような機能を持っています。また場合によっては、志望動機を伝える欄として利用することもできます。

神田さんは「学生のときに力をいれたこと」を教えてほしいと言われたら、どのように答えますか？

 そうですねえ。力を入れたことはアルバイトでしょうか。地元から離れて一人暮らしをしているので、親にあまり負担をかけたくないと思ってアルバイトは結構やっています。でも単位は落とさないように頑張っています！

 なるほど、それは大変ですね。頑張ってください。

それでは言い方を変えますね。会社側は、何を知りたくて、この「学生のときに力をいれたこと」という質問をしているのだと思いますか？

 それは……、その学生がどんな人かを知りたいんですよね？

 その通りです。しかし「趣味はなんですか」などではなく「力を入れたこと」を聞いているわけです。それはなぜでしょうか?

ここで重要なのは、**相手の質問の意図を理解すること**です。先ほどの、会社側の不安を思い出してください。それは、

この学生は、

1. 会社に入って活躍してくれるだろうか?
2. 内定を辞退しないだろうか?
   （入社してもすぐに辞めてしまわないか?）

という2点でした。じつは、**この2つの不安を解消したくて、企業は志望動機と自己PRを書かせている**のです。

 もしかして……。

---

1. 会社に入って活躍してくれるだろうか? ＝自己PR
2. 内定を辞退しないだろうか?
   （入社してもすぐに辞めてしまわないか?）＝志望動機

とつながっているのでしょうか?

 その通りです!

それでは先ほどのいわゆるガクチカ（「学生時代に力をいれたこと」という質問）は、企業側のどのような不安を軽減するためのものでしょうか?

 「1. 会社に入って活躍してくれるだろうか?」ですね!

025

そうですね。では、面接で「ほかにはどのような企業を受けてますか？」という質問をされたとします。この質問の意図は何でしょうか？

 うーん……。「2．この人は、内定を辞退しないだろうか？」だと思います。

 その通りです。神田さん、だいぶ理解が進んできましたね。志望動機と自己PRは、企業側の２つの不安に答える内容になっていることが大切なのです。

先ほど神田さんの言っていた「アルバイトを結構やっている」と「単位を落とさない」というガクチカでは、自分の頑張っていることだけを相手に伝えていて、「1．会社に入って活躍してくれるだろうか？」という企業側の不安には上手に答えられていませんよね。

 確かに……。

先ほどのガクチカでは、「会社に入って活躍してくれるだろうか？」という企業側の不安に答えるのであれば、**自分が学生時代に力をいれたことから得られた強みを会社で活かせますと伝える内容になっていないとダメ**ですよね……。

 いいですね。その通りです。それでは、いまから試しにエントリーシート（ES）を書いてみましょうか。

 えっ！　いまですか!?

 はい。まずは、先ほどの企業側の不安を意識しながら、書いてみてくださ

い。それから修正点をチェックしていきましょう。

 はい。やってみます。

エントリーシートを書いてみよう

 それではこのESのサンプルに記入してみましょう（次ページにあります）。

このESで聞かれているのは「志望動機」と「ガクチカ」ですね。

 えーと、志望動機は「この学生は内定を辞退しないか、また入社してもすぐに辞めてしまわないか」という企業側の不安に答えるもので、ガクチカは「会社に入って活躍してくれるか」という不安に答えるんですよね。

 その通りです。ところで神田さんは「この会社で働きたい」と思う企業名を具体的に挙げられますか？

 そうですねぇ、具体的にですか。難しいですね……。就職って、まだ先のことだって思っていたので。

 そうですか。まだ2年生ですからね。それでは、**身近な先輩が働いている会社やテレビコマーシャルなどで興味を持った企業**はありませんか？

 あー、それなら……、あります！

■あなたが当社を志望した理由はなんですか？（800字以内）

■あなたが学生時代に力をいれてきたことはなんですか？（800字以内）

 ゼミの卒業生が、古い建物の改修を行うＤリノベーションっていう会社に勤めているんです。その先輩がこの前、ゼミのOB・OG会に参加してくれました。

リノベーションと聞くと建築学科を出た人が働く場所というイメージがありました。でも、僕と同じ経済学部を出た先輩も活躍しているみたいだし、仕事が楽しそうだったんですよね。

 それは良い機会でしたね。

 話を聞いていて、「確かに家って大事だな。結局、家にいる時間が一日で最も長いからなぁ」と思ったんです。

その後は街を歩いているときにも、なんだか住宅が気になるようになりました。特に古いマンションや一戸建てを見ると、「暮らしやすい住宅なのかなぁ。先輩の会社でリフォームとかしたらどのくらい便利に変わるのかな」といったことを考えたりします。

こんな経緯で、ちょっとＤリノベーションみたいな会社で働いてみたいなぁと思ったんですよね。

 わかりました。それでは、今回のESは、Ｄリノベーション株式会社に応募することを想定して書いてみましょうか。

いまから30分ほど時間をとりますので、できたら教えてください。

 はい。Ｄリノベーションであれば、なんとか書けそうです。

■あなたが当社を志望した理由はなんですか？（800字以内）

　私が貴社を志望した理由は3つあります。

　1つ目は、貴社で働いている大学の先輩から話を聞いて、事業内容に興味を持ったことです。特に「家は、お客様にとって人生で最大の買い物であり、正解がない難しい仕事ではあるが、お客様に認められた時の達成感は大きい」という点に魅力を感じました。また仕事の進め方として「チームワークを大切にしている」という点が強調されていたことも働きたいと思った理由です。

　2つ目は貴社のチャレンジ精神に共感したことです。少子高齢化や災害など未知の世の中に対して悲観しているのではなく、貴社は新しいことに多く挑戦しています。そういった社風のある貴社は、新しいことにチャレンジをさせてくれる会社であると考えています。私は若いうちから活躍したいと考えており、貴社であれば実現できると思っています。

　3つ目は、貴社の風通しの良さです。企業パンフレットを見て、貴社では、社長向けにプレゼンテーションを行う機会があると知りました。社員の声をトップが拾い上げて実現するスピード感のある経営だと感じています。自分自身もその一員になって働きたいと強く思いました。

　以上3つの理由により私は貴社を志望させていただきました。

■あなたが学生時代に力をいれてきたことはなんですか？（800字以内）

　私が学生時代に力をいれてきたことは3つあります。

　1つ目は飲食店でのアルバイトです。アルバイト先ではその接客技術をかわれてバイトリーダーになりました。飲食店に勤めている中で、お客様に寄り添い、丁寧に接客することが重要であると学びました。これからもお客様を大切にするという気持ちをもっていきたいと思います。

　2つ目が高校時代の部活動です。私は、高校時代に甲子園を目指して日々仲間と共に野球をしてきました。野球部では、レギュラーになるための部員間の競争もありますが、勝利をつかむためにはチームワークが欠かせません。常にチームをベストな状態にもっていくために、私は自分のポジションを守るだけでなく、率先して声出しや雑用もこなしました。

　3つ目は大学受験を頑張りました。高校時代は、部活動で野球を高校3年生の冬まで続けていたので受験勉強との両立が大変でしたが、勉強も部活も中途半端で終わらせたくないと思い、最後までやり切りました。この経験から自分の決めたことを最後までやりきるという責任感を学びました。これからも自分の行動に責任を持って取り組みたいと思います。

　以上、3つが私が学生時代に力をいれたことです。

30分を過ぎた頃、大輔はESを書き終えました。

 できました！　これです。

 お疲れさまでした。では、まず**「ガクチカ」から先にチェック**してみましょう。

自己PRのチェックポイントとは？

 こちらですね。

■あなたが学生時代に力をいれてきたことはなんですか？
（800字以内）

　私が学生時代に力をいれてきたことは3つあります。

　1つ目は飲食店でのアルバイトです。アルバイト先ではその接客技術をかわれてバイトリーダーになりました。飲食店に勤めている中で、お客様に寄り添い、丁寧に接客することが重要であると学びました。これからもお客様を大切にするという気持ちを持っていきたいと思います。

　2つ目が高校時代の部活動です。私は、高校時代に甲子園を目指して日々仲間と共に野球をしてきました。野球部では、レギュラーになるための部員間の競争もありますが、勝利をつかむためにはチームワークが欠かせません。常にチームをベストな状態にもっていくために、私は自分のポジションを守るだけではなく、率先して声出しや雑用もこなしました。

　3つ目は大学受験を頑張りました。高校時代は、部活動で野球を高

校３年生の冬まで続けていたので受験勉強との両立が大変でしたが、勉強も部活も中途半端で終わらせたくないと思い、最後までやり切りました。この経験から自分の決めたことを最後までやり切るという責任感を学びました。これからも自分の行動に責任を持って取り組みたいと思います。
　以上、３つが私が学生時代に力をいれたことです。

 はい。ガクチカは、自分なりに「会社に入って活躍してくれるだろうか？」という企業の不安を意識して書いたつもりです。自分のいままでの経験の中で、一生懸命頑張ってきたことや大切にしてきたことがわかるエピソードを選びました。

 そうですか。まずは評価できるポイントを見ていきます。

評価できる点の１つ目は、**文章の構成**です。書き出しで「力をいれてきたことは３つ」と伝えてから、その後１点ずつ理由を挙げているので、読みやすい文章になっています。

２つ目は、伝えたい内容が明確になっている点です。アルバイトの話でも神田さんの真面目なキャラクターが伝わりますし、野球部の話でも「チームワーク」を大事にする姿がよくわかります。

 ありがとうございます。確かにチームワークは僕がとても重視していることです。それにより、１人ではできなかったことが実現できたり、想像していた以上の力が出せたりするということを実感してきましたから。

 いいですね。就職活動も１人での戦いに見えて、じつはチームワークが大切になるので、皆と協力していこうという気持ちは大切です。

次に改善点について、見ていきましょう。1点目は、これでは**文字数が不足しています**。

 えっ、そうですか？　結構頑張って埋めたのですが……。

 数えてみると、神田さんが書いたガクチカの文字数は497文字でした。文字数の指定があった場合、**できれば8割は超えた文字数を記入したほうがよいでしょう**。

もちろん無駄に長く書く必要はないのですが、**企業の採用担当者は非常に多くのエントリーシートを見る**ことになります。ですから、この場合は800字の8割ということで最低でも640字以上は記載されていないと数あるエントリーシートを比べたときに見劣りしてしまい、結果として「この学生は志望度が低いのかな」と判断されてしまいます。

 内容だけではなく、文字数から志望度を判断されてしまうのですか？

 そうですね。極端なケースを考えるとわかりやすいかもしれません。たとえば、回答欄の3分の1程度の分量しかガクチカが書かれていない場合、神田さんが採用担当者だったらどのように感じますか？

 そうですね……、提出直前に急いで書いたのかなとか、あまり本気でESを書いていないなと考えてしまうと思います。

 そうなんです。このサンプルは800字と少し分量が多いのですが、「ぜひこの会社に入りたい！」と考えている応募者ならば、自分の熱意を伝えるために、またほかの応募者との差別化を図るためにも、よく考えた文章を枠いっぱいまで書いてくるはずです。

あー、わかります。野球をやっていたときに、レギュラー争いがあったんですが、監督にアピールするために練習時間以外にもトレーニングして、その記録を自主的に提出していました。そんな感じですね。

 2点目として、「学生時代に力をいれてきたこと」の「学生時代」とは、**一般的には大学生の時期を指していると考えてください。**

 えっ、そうなんですか……。僕にとって、高校時代の部活動は本当に頑張った思い出だから、絶対に書きたかったのですが。

 神田さんにとって、高校時代の部活が印象的だったのはわかります。でも、思い出してください。企業は、自己PRで「会社に入って活躍してくれるか」を見ているわけです。

たとえば、高校時代に文学賞をとったとか、オリンピックに出たとか、とても珍しい実績があれば、高校時代のことを書いても構いません。圧倒的なインパクトを企業側にも与えられますし、そんな功績がある人であれば企業に入ってからも何かしらの活躍をしてくれるだろうと感じるからです。

 そうですね。すごい実績ですもんね。

 厳しいことを言うようですが、高校時代の部活動や大学受験を頑張ったことは、就職活動をする多くの学生が体験していることです。そのため、ほかの学生との差別化にはつながりにくいと思います。また**過去のエピソードでは、現在の神田さんの力も見えてきません。**

たとえば、ほかの学生が自己PRとして、「これまでに一番頑張ったのは小

学生のときの少年野球です」と書いていたら、神田さんはどう思いますか？　人生のピークが小学生のときなのか、その後はどうしたんだろうと感じませんか？

このように企業側は、神田さんが「会社に入って活躍してくれるだろうか？」を考えているので、**できるだけ最近のエピソードのほうが効果的**なのです。もちろん面接などで聞かれたら、高校時代の活動に触れることは構いません。

 そうですか……。じゃあ、大学時代のエピソードを考えないといけませんね。

伝えたい内容と根拠となるエピソード

 続いて、改善点の3点目です。エピソードをもっと具体的にしましょう。

神田さんがガクチカに書いた内容には、たとえば「お客様に寄り添い、丁寧に接客することが重要であると学びました」とありますが、どのような体験からこのことを学んだのでしょうか？　全体的に具体性に欠けていて「確かにこの人なら活躍してくれる」という納得感が得られないのです。

 いやー、「自分の良いところを伝えたい」と思って書いたのですが、当たり障りのない文章になってしまったかもしれません。

 先ほど、「会社に入って活躍してくれるか」を会社は見ていると言いましたが、**自ら課題を発見して、試行錯誤を通じて解決することができるか否**

かなど、学生の素質を見極めたいわけです。

良いところを伝えたいという気持ちはあっても構いません。しかし、きれいごとだけ書いても伝わりません。企業は、これまでに苦労や困難をどうやって乗り越えたか、そんな具体的なエピソードを知りたいのです。そこから、**神田さんの行動力や思考の特性がわかるから**こそ、「会社に入って活躍してくれるだろうか？」という不安が解消されていくわけです。

そう言われるとなんだかちょっと安心しました。変に格好をつけて自分をよく見せようとするのではなく、自分にしか書けないことを書けばいいんですね。

もちろんです。ガクチカは自己PRにつながるものですから、自分のことをわかってもらう内容になっていることが重要です。

いまは僕が書いたガクチカを見てもらったわけですが、より直接的に自己PRを記入することを求められた場合にはどのように書けばいいのでしょうか？

神田さん自身はどのように考えますか？

うーん、「自分にはこんな得意分野があって、それを活かして会社で頑張ります」といった感じでしょうか。

そうですね。どんな質問のされ方をしたとしても、次のような3段階に分けてアプローチするとよいでしょう。

1．まずは何を聞かれているのかを把握する。
2．伝えたい内容を決める。
3．その根拠となるエピソードを複数準備する。

ただしESにはスペースの制限があるので、**どのエピソードをESに書いて、どれは面接にとっておくのか**を検討する必要があります。

 思っていたよりも大変ですね……。

 でも大変だから意味があるとも言えます。そもそも志望動機とは異なり、自己PRはどんな会社に対しても同じものを使おうと思えば使えます。しかし、その企業が一緒に働く新入社員に何を求めているのかをよく検討して、どのような内容を伝えるのが効果的かを考えることが有益です。その際にはしっかりと手間暇をかけることが相手へのメッセージにもなるわけです。

 わかりました！

志望動機のチェックポイントとは？

 それでは、神田さん、次は志望動機について、一緒にチェックしていきましょう。

 はい。お願いします。

 こちらですね。

■あなたが当社を志望した理由はなんですか？（800字以内）

　私が貴社を志望した理由は3つあります。

　1つ目は、貴社で働いている大学の先輩から話を聞いて、事業内容に興味を持ったことです。特に「家は、お客様にとって人生で最大の買い物であり、正解がない難しい仕事ではあるが、お客様に認められたときの達成感は大きい」という点に魅力を感じました。また仕事の進め方として「チームワークを大切にしている」という点が強調されていたことも働きたいと思った理由です。

　2つ目は貴社のチャレンジ精神に共感したことです。少子高齢化や災害など未知の世の中に対して悲観しているのではなく、貴社は新しいことに多く挑戦しています。そういった社風のある貴社は、新しいことにチャレンジをさせてくれる会社であると考えています。私は若いうちから活躍したいと考えており、貴社であれば実現できると思っています。

　3つ目は、貴社の風通しの良さです。企業パンフレットを見て、貴社では、社長向けにプレゼンテーションを行う機会があると知りました。社員の声をトップが拾い上げて実現するスピード感のある経営だと感じています。自分自身もその一員になって働きたいと強く思いました。

　以上3つの理由により私は貴社を志望させていただきました。

 志望動機は、正直難しかったです。

企業研究って言うんですよね。あれをちゃんとやっていないので、先輩の話と企業のホームページなどから印象に残ったキーワードを引っ張ってきて貼り付けただけ、という感じになってしまいました。

 そうでしたか。では、まずは自己PRと同じく、先に良かった点を見てお

きましょう。

1点目は、自己PRと同じく、初めに志望理由は3つと書いてあることです。それにより**読む人にとってわかりやすい文章**になっています。

2点目は、**神田さんにしか書けない志望理由**が述べられていることです。実際に大学の先輩が働いていること、また先輩の話を聞いて具体的に働きたいと思った理由が示されている点はいいですね。

 ありがとうございます。

志望理由の1つ目については、僕も書いていて自信がありました。先輩の話を参考に、本当に自分自身が本心から「これは！」と思ったことが書けました。

 では、より良い志望動機になるように、いまから改善点を考えてみましょう。

 わかりました。覚悟して聞きます……。

 改善点の1つ目は、自己PRと同じく文字数です。神田さんの志望動機の文字数は504文字ですね。やはり8割以上は書きたいところです。

 そうですよね。これは言い訳になってしまいますが、志望動機については、やはり企業研究が進んでおらず、書けることが少なかったんですよね……。

 そうですね。確かに企業のことを知っておくのは重要です。しかし、志望

039

動機のところに企業パンフレットやホームページ、また業界本で学んだことが書いてあったらどうでしょうか？　読み手の採用担当者はどのように思うでしょうか？

 え？　よく勉強しているなぁと思うんじゃないんですか……？

 それでは質問を変えますね。志望動機を質問することの意図は何だったでしょうか？

 はい。志望動機は「この人は、内定を辞退しないか、入社後も長く働いてくれるのか？」という不安に答えるものでした。

 そうですね。率直に言って、神田さんの志望理由は、企業側の不安に答えていません。これが改善すべき点の2つ目です。

企業の不安に的確に答えているのか？

 うーん。企業のホームページを見て、自分が共感した点について考えて書いたつもりなんですが……。

 神田さんがそのように考えて書いたということはわかります。しかしたとえば、志望動機の2点目の「チャレンジ精神」や3点目の「スピード感のある経営」は、経営努力をしている企業であれば、どの企業も目指していることですよね。したがって、ほかの企業向けの志望動機として書いてあっても不自然ではないことを理解しましょう。

もちろん、3点目のスピード感のある経営については社長向けのプレゼンテーションという具体的な理由があるので、他社向けに書いたエントリーシート（ES）の内容を使い回したとは思われないでしょう。しかし、ESの読み手である採用担当者からすると、どの企業でも当てはまることが書かれていると、「うちの会社である必然性」については納得できないと思いませんか？

確かにそうですね。多くの企業が目指していることですね……。よく考えるとフワッとしていて具体性がないですし、**Dリノベーション株式会社でないといけない理由にはなっていない**です。

そうなんです。企業は、志望動機を通じて「この人は、内定を辞退しないか、入社後も長く働いてくれるのか？」といった不安を解消、または軽減したいのです。そのためには**「なぜ数ある企業の中で当社を選んだのか？」という疑問を解消する内容が記載されている必要があります。**

それがどの企業にも当てはまるような理由だったらどうでしょうか？

不安なままですね。どの企業にも当てはまるということは、どの企業でもいいということですもんね。

そうですよね。

うーん。でも、待ってください。ちょっと難しくないですか？

自分の勉強不足を棚に上げて申し訳ないですが、企業のパンフレットやホームページから読み取れる情報には限界があります。たくさんの企業を受ける僕たちは毎回具体的なことを書かなきゃいけないんでしょうか？　正

直、どれだけ時間があっても足りません。

神田さん、だからこそよく考えて行動する必要があるのです。

就職活動に使える時間には制約があります。最近はそこまで煽り立てる風潮はなくなりましたが、以前は就活サイトの情報を鵜呑みにして、100社近くの企業にサイト経由でプレエントリーする学生もいました。しかし100社も調べるのは非現実的です。そして数を打ったからといって当たらないことを理解する必要があります。

最終的に相思相愛と思える1社と出会えればよいのであって、仮に数多くの企業から内定を得たとしても、そのことから得る本質的なメリットは存在しないのです。

確かに……。大手企業から複数の内定を得た学生の話などが武勇伝のようにネットで広まっているので、自分もたくさん受けて、できればたくさんの内定をもらえたらカッコいいかなと正直思っていました。

自分に合った企業を選ぶためには、自分がどのような働き方をしたいのか、またどのような分野で貢献できるのかなどをよく考えておく必要があります。そのうえでどんな企業がどんな人材を必要としているのかを理解できれば、何を書けば相手に「自分たちが相思相愛であること」が伝わるのかは自然と見えてくるでしょう。

先ほど志望動機の1点目については、「先輩の話を聞いて具体的に働きたいと思った理由が示されている」と評価しました。それは神田さんならではの視点が入っていたからなんです。神田さんの**人柄が見える記述には意味があります。**

確かに、すべての企業に直接の先輩がいるわけでもなく、またすべての企業でインターンシップを経験することもできないので、1点目と同じような具体性を持って志望動機を書くのは難しいかもしれません。しかしそれでも、その企業を志望しているからには、何らかの理由があって「その企業で働きたい」と考えたわけですよね？

 はい……ただ、やみくもに企業を受けようとは思っていません。

 そうですよね。これから就活を本格的に開始していくなかで、自己分析や業界研究・企業研究を進めていくことになりますが、ひとまずDリノベーション株式会社に好意を持った具体的な理由をもう少し深掘りしてみて、ESを改善してみてください。

その際には、志望動機が何のためにあるのかを意識することも忘れないようにしましょう。

 わかりました。もう一度書いてみたいと思います。

ところで高橋さんは、先ほどガクチカを先に確認してくれましたよね。それには何か理由があるんですか？

エントリーシートは自己PRを先に書こう

 そうでしたね。その理由を説明していませんでした。

私は、学生の皆さんから就職活動について相談を受けるときに、常に不満

に思っていることがありました。それは、**なぜ自分の視点から考え始める
のか**という点です。

多くの学生が「この会社に入れたらいいなぁ」という気持ちを持って志望
する企業を決めるわけです。たいていの場合は、有名企業や大手をまずは
考えます。そして、自己PRには当たり障りのないことを書く。しかし、
それでは企業側を説得できません。

 そうかもしれません……。就活を意識しだしてから、大学のホームページ
で就職先一覧を見たのですが、やはり「結構、有名企業に決まっている人
もいるな」ってことが気になりました。

 しかし就職活動というのは、結婚などと同じく、相手のあることです。**自
分にとって幸せかどうかばかりではなく、まずは相手のことを考えるほう
が効果的**です。企業が知りたいのは、まず自社で活躍してくれるかどうか
であって、そのあとに、この学生がうちの会社を選ぶのかがあるわけで
す。

そして、志望動機はその会社向けに書くわけですが、自己PRは汎用性の
あるものを使い回ししがちだという点も気になるところです。まずは企業
が求めている人材を理解して、自分がその条件を満たしていることを伝え
るための文章を書くことができればいいですね。

 はい。

 まず企業に対して、ほかの学生ではなく**自分を採用すべき理由を提示して
説得する**。「私を採用するのがベストな選択ですよ」と伝えて、企業側が
「確かにこの学生は採用すべきだ」と感じたら、そのあとに「この学生は

なぜうちの会社を志望しているのかな？」という問いに進むわけです。そこで、自己PRを先に書いてみましょう。そのうえで志望動機へ移ってみてください。きっと、説得力のあるESが書けると思いますよ。

そうか。そう言われると確かに、自己PRから考えるのが自然ですね。「自分にはこんな強みやスキルがあるから御社で活躍できます。そのうえで私にとっても、ほかの会社ではなくこの会社がいいんです」と言われると**話の流れが自然で説得力がありますもんね。**

神田さん、だんだんと「企業の気持ちになって考える」ことが身についてきましたね。

はい。言われてみれば当たり前のことなのに、相手の視点から考えるってことを十分に意識できていませんでした。

それでは、ちょっと角度を変えて別のことをやってみましょうか。仮に神田さんがDリノベーションの採用担当者であったとしましょう。いまから、採用する側にとって理想的なESを書いてみてください。ただし以前もお話ししたように、就職活動には「これが正解！」というやり方があるわけではありません。

それでも**「この人なら、ぜひ会ってみたい！」と企業側が感じる**ような、ESを作成してみましょう。

えっ!?　会社にとって理想的なESですか？　僕じゃない別の人間のものを書くということですか？

そうです。架空の人物で構いませんので、「これなら面接には確実に呼ば

れる」と神田さんが考える理想の自己PRと志望動機を書いてみてください。大事なのは、企業側の視点に立つことでしたね。

うーん……。わかりました。ちょっと難しいかもしれませんが、持ち帰ってやってみます。今日はどうもありがとうございました。

これで第1話は終わりです。本日の大輔くんの相談を通じて、皆さんは何を学びましたか？　重要なポイントを箇条書きでまとめておきましょう。

- 就職活動では、採用する側の企業も不安です。
- 就活をする学生も、採用担当者の視点から考えてみることが必要です。
- 会社に入って活躍できることを伝えるのが自己PRの役割です。
- 内定を得たら確実に入社する、またすぐには辞めないことを伝えるのが志望動機です。

経済学で考える
エントリーシートの
役割とは？

 こんにちは。高橋さん。ゼミの学生がお世話になっています。神田さんはいかがですか？

 彼は、疑問に感じたことはきちんと質問もしてくれますし、本当に話しやすいですね。

 それはよかったです。安心しました。

さて、この就活研究室では、学生との対話とは別に、**就職活動に関連した疑問について、主に経済学の視点から**話していけたらと思います。

 わかりました。働き方やキャリアを、経済学の観点からどう捉えるのかについて、私もとても興味があります。

エントリーシートを書く際の注意点とは？

 それでは、神田さんが苦戦しているエントリーシート（ES）について考

えるところから始めましょう。まずはこの質問からです。

> 問1：学生の皆さんは、志望動機と自己PRは、時間をかけて作成し
> ていると思いますし、大学のキャリアセンターの担当者、ゼミやサー
> クルの先輩、また場合によっては高橋さんのような専門家に添削をし
> てもらっていると思います。
>
> それにより本人が「よし、これで完璧に書けた！」と思っても、やは
> り書類で落ちてしまうことがありますよね。
>
> どのようなときに、なぜうまく行かないのでしょうか？

 そうですね。私は、やはり最初に見たときの**全体のバランスの良さと文章
の読みやすさがカギになる**と考えています。

そもそも名の知れた企業だと、提出されるエントリーシートって膨大な枚
数になるんですよね。その取り扱い方法は企業によって違いはあります
が、たとえば、人事担当だけでなく本社勤務の社員を動員して、1人何十
枚というノルマで振り分けるという方法があります。

もちろん社員側も、その際には優秀な若手に入ってほしいという気持ちがありますので、真剣に読みます。

ただし、自分の仕事の空き時間にこなすことになり、時間的な制約がありますし、担当者が疲れていることも考えられます。このときたとえば、**ある程度の余白がある、構成が明確である、最初に結論が書いてある**といった「全体的なバランスの良さ」、また主語と述語が対応している、1つの文章が長すぎない、漢字の間違いがないなどの「文章としての読みやすさ」が重要になります。後者を言い換えると**日本語として自然である**ことでしょうか。

なるほど。それは確かに重要ですね。どんな仕事でも文章力は必要ですが、特にオフィスワークが中心となる仕事に就く場合には、これから膨大な量の書類を作成することになります。やはり読みやすい資料を作ることができるかどうかは採用決定に大きな影響を与える要素ですね。

学生の側は、どのような内容を書くかに時間を使いますが、**どのように見せるのかは忘れがち**かもしれません。**書類を書く際には、読む相手の立場になって考えてみる**ことが必要です。

そうですね。相手に伝わるメッセージというのは、

記載している内容×伝わる割合＝伝わる量

という関係にあります。80点の内容を準備しても、50％しか伝わらない書き方では相手に届くのは40です。これに対して、60点の内容でも80％が伝われば48だけ届きます。コンテンツとプレゼンテーションの両方が重要ですね。

多くのエントリーシートはつまらない？

 加えて理解する必要があるのは、多くの学生が書くESは、**読んでいてつまらない**という事実です。

 「つまらない」ですか？

 はい。何十枚もESを読んでいると、たとえば、サークルの副幹事長として皆をまとめましたとか、アルバイトで評価されてバイトリーダーになりましたなどという話が何度も出てくるわけです。ほかにも、ボランティア活動でどうのこうのとか。そうすると「あぁ、またか。またこのパターンか」と正直思うわけです。

だからといって、バックパックでインドに行きましたなどと書いてあれば興味を持たれるかというと、そういうわけでもありません。数日間だけインドに旅行して人生観が変わるような薄っぺらい話も聞き飽きています。

 それは随分と手厳しい意見ですね（笑）。

 その中でほかの人とは少し違う話や読んでいて楽しい話、また具体性があって興味を引く話があれば、それだけで差別化できる要因になります。ESは、**一緒に働きたいと思わせる、少なくとも書類だけではなく直接会ってみたいと思わせるもの**であることが必要ですから。

 そうですね。「私はこのような人間だ」「私はこのような形で会社に貢献できる」というPR内容に対して、**根拠となる具体的なエピソードが明確に**

示されていること、またその根拠がその人に固有の珍しいものだったりすれば、それだけで会ってみたいと思いますよね。

統計的差別とは？

 それでは次は私から質問です。

> 問2：安藤先生、ズバリ聞きますけど、**学校名での差別的な扱い**について、先生はどのように考えますか？
>
> ある大学の学生が会社説明会に申し込もうと就活サイトを見たら、すでに満席になっていた。そこで大学名だけ別の有名校に変えたら空席ありと表示されたといった話が一時期話題になりました。
>
> またESの評価をする段階でも、仮に同じような評価の学生が2名いて、面接に呼ぶことができるのがあと1枠となれば、担当者はやはり学校名などを判断材料にするかもしれません。

 はい。このような差別的な扱いは存在します。経済学では、これを**統計的差別**と言います。

人が他人に対して異なる取り扱いをする差別が、なぜ行われるのか。その理由を経済学では2種類に分けて説明します。1つは、嫌いだから差別するという**嗜好に基づく差別**（taste-based discrimination）です。人には自

然な感情として好き嫌いがあり、好きな人とそうでない人とを同じように
は扱わないというシンプルな話です。

これに対して**統計的差別**（statistical discrimination）とは、**その人の属性
を見たときに、平均的な姿に違いがあるから差別する**というものです。

 具体的に教えてください。

 たとえば有名大学の学生の場合は、実際に会ってみたときに優秀な人であ
る確率が40％であり、ふつうの大学生の場合は30％だったとします。た
った10％の差であったとしても、1人しか面接に呼べないなら、優秀で
ある可能性が高い人を呼ぶことになります。

どちらの大学にも優秀な学生とそうでない学生がいる。一人ひとりと会え
ば優秀かどうかはわかるとしても、その面接には時間的なコストがかかる
としたら全員とは会えない。そうなると、嫌いだからではなく、そのよう
な差別的な扱いをすることが得になるから行われるわけです。

 なるほど。そうなると、学生には、この統計的差別は存在するものと思っ

て就活に臨んでもらう必要がありますね。

はい。「やっぱり差別はあるんだ」と思って腐るのではなくて、ある意味では避けられないものとして向き合う必要があります。採用する側も、すべての学生に会って評価することができれば、差別をする必要はないわけですが、実際には時間や費用の制約により難しいわけです。**このようなとき仕方なく統計的差別を行う**のですね。

たとえば、当たりの確率が高い宝くじと低い宝くじで、どちらも賭け金が同じなら、誰もが当選確率が高いほうを選ぶでしょう。**当選確率が低いくじにも、当たりは含まれている**わけですが、**当たる確率が重要**なのです。もちろん**人種差別などは明らかにあってはならないこと**ですが。

しかし学生からすると、統計的差別があるのは理屈としてはわかったとしても、実際に自分が直面したら納得がいかないでしょう。大学生時代に頑張ってきたこともあるなかで、もっと自分を見てほしいと考えるのは自然なことです。

「何かできることはないか？」と学生から問われたら、どのように答えますか？

そうですね。合格するのが難しい資格を取ることや継続的な取り組みが求められる活動を通じて、自分には求められる水準の仕事をこなせる能力があることをアピールすることでしょうか。これを経済学では**「シグナリング」**と言います。

そもそも難関大学に合格していること自体がシグナルとして機能しているわけです。ある程度以上の情報処理能力と忍耐力がなければ難しい大学入

試に合格することができないからです。

しかし、シグナルとして相手に能力を伝えることができるのは学校名だけではありません。たとえばいまの時代なら、英語に加えて中国語を学んだことなどは良いPR材料になることが考えられます。大学に入ってから始めた語学について継続的に努力して、一定の資格を取りましたなどという実績があれば、継続する力がある学生だと評価されるでしょう。

学生によくある誤解とは？

 関連して私から質問があります。

> 問3：日本には800近い大学があります。そしてどの大学の就職実績を見ても、有名企業の名前がそこそこ見られたりもします。採用されるのが難しいと思われる企業に就職できている学生には、どんな人がいるのでしょうか？

 はい。まず企業側も、多様性を求めているという実態があります。同じような人ばかりでは組織が弱体化してしまうからです。意図的に多様性を維持することには意味があります。

また、特定の資格を持っている学生や競技スポーツで顕著な成績を上げた学生の場合には、大学名とは関係なく有名な企業に採用されるケースがあります。

 そうですね。ただし、そのことが**ふつうの学生の誤解を招いている**という

側面もあるので難しいわけですが。

 はい。ふつうの大学であっても、有名企業に採用実績がある。このときその大学の学生は**「自分にもチャンスがある」と考える**わけです。しかし実際に採用されている学生は、能力の高さを伝えるための手段として資格があるとか、大学時代にしっかりした実績を上げている学生のことが多い。そこを誤解すると、高望みしすぎた就職活動になってしまい、不幸なことになりかねません。

不合理な行為の合理的な理由とは？

 さて、最後にもう1つ質問です。

> 問4：エントリーシートと言えば、**「手書き」が求められる**ことがあります。これはどのように捉えればよいのでしょうか。
>
> このような企業は、**仮に採用されたとしても、入ってから苦労するので、採用試験を受けないほうがいい**と考える学生もいるかもしれません。このような慣習は、経済学ではどのように考えるのでしょうか？

 これは自分の就職活動のときにも体験したことです。鉛筆で下書きして、その上からボールペンで書いて消しゴムで消して……。時間がかかって仕方がないので、結局締め切り前日に夜間やっている郵便局に駆け込んだこともありました（笑）。

これだけIT社会になっても、「手書き」のエント
リーシートは存在しています。

こうなると「見やすさ」という点においても、字
がきれいであることが重要になってきます。

 手書きのエントリーシートは、確かに手間がかかります。しかし経済学的
には、そこに**コストがかかることこそが重要**なのです。

これを経済学では、ふるい分けを意味する**「スクリーニング」**と言いま
す。川の砂をふるいにかけて砂金を取るような行為ですね。

企業側からすると、大量のエントリーシートが届きます。その中には記念
受験のような、真面目にその企業のことを調べてもいない学生が書いた書
類も多く含まれています。それを減らしたいと考えたとき、企業に何がで
きるでしょうか。

自社を真剣に検討している学生とそうではない学生をふるい分けたいと
き、**あえてエントリーシートに手間がかかる手書きを求めること、また独
自の項目を設定して書かせる**ことなどが意味を持ちます。なぜなら手間が

かかる場合、真剣な学生はそれに対応しますが、記念受験の人は**「採用される確率は低いのに、面倒くさいなあ」と考えて応募してこない**からです。

一見すると不合理に見える行為にも、じつは意味がある。そのような可能性を考えて、手書きを求められたから古臭い企業だと決めつけないほうがよいかもしれません。

 なるほど。確かに志望の程度を見るためにコストをかけさせている可能性はありますね。

人気企業ほど、手書きだったり独自形式のエントリーシートだったりするわけですね。しかし、手書きをさせるような企業には、優秀な学生が応募しないということも考えられます。

 はい。企業側も、真剣に志望している優秀な学生をスクリーニングしたいときに、下手なやり方をすると優秀な学生も排除してしまいます。どのような手段でふるい分けるのか、よく考える必要がありますね。

 就活の疑問について、こうやって経済学で論理的にお話しいただくと、なんとなく理不尽に感じていたこともすっきりします。でも、一方で、少し残酷な面も見えてくるわけですが。

 そうかもしれません。しかし何が起こっているのか、またなぜそうなっているのかを理解することは、納得のいく就活のためには不可欠だと思うのです。

エントリーシートを完成させるには？

第2話では、就活について真剣に考え始めた大輔の取り組みを見ていきます。初回面談から自宅に戻った大輔は、本日の内容を思い返しています。キャリアコンサルタントである高橋さんとの対話を通じて、彼はどのようなことを感じたのでしょうか？

はぁ、疲れたなぁ。マンガでも読もうかな。

でも、今日は行ってよかった。最初、安藤先生から「高橋さんに会ってみませんか」とか言われたときは、正直「誰だよ！」って思ったけど。これで少しは就活のことがわかってきた気がするし。

しかしあの宿題はないよなあ……。理想のエントリーシート（ES）とか、わけわかんないし。あとESを書き直すのもやらないと。とりあえず、もらったコメントだけは**覚えているうちに書き込んでおこう**（次ページ）。

次の日の朝のことです。

 さて、宿題でもやるか。今日は土曜日だし、バイトに行くまでの時間で終わるかな。まずはESを書き直そう。志望動機として必要なのは、**Dリノベーションでなくてはいけない理由**だったよな。

もう少し会社のことを調べてみて、具体的なポイントを探してみよう。自分なりにどこが良いと思ったのか、なぜほかの会社じゃダメなのか……。

 自己PRは、高校時代のエピソードではダメだっていう話だったな。うーん……。大学1年生の頃は、大学生活に慣れることでいっぱいいっぱいだったし、2年生になってやっとゼミが始まったばかりなんだよなぁ。

アルバイトでバイトリーダーになったというのは頑張ったポイントだけど、ほかがないんだよね。自己PRに何を書こうかなぁ。困ったなぁ……。

あれ、高橋さんからメッセージが来ている。何かな？

■大輔のメモ

文字数が足りない。8割は書くこと。

■あなたが当社を志望した理由はなんですか？（800字以内） *これはOK。分かりやすい。*

どの会社にもあてはまることは書かない！

　私が貴社を志望した理由は**3つあります**。

　1つ目は、貴社で働いている大学の先輩から話を聞いて、事業内容に興味を持ったことです。特に「家は、お客様にとって人生で最大の買い物であり、正解がない難しい仕事ではあるが、お客様に認められた時の達成感は大きい」という点に魅力を感じました。また仕事の進め方として「チームワークを大切にしている」という点が強調されていたことも働きたいと思った理由です。

　2つ目は貴社のチャレンジ精神に共感したことです。少子高齢化や災害など未知の世の中に対して悲観しているのではなく、貴社は新しいことに多く挑戦しています。そういった社風のある貴社は、新しいことにチャレンジをさせてくれる会社であると考えています。私は若いうちから活躍したいと考えており、貴社であれば実現できると思っています。

　3つ目は、貴社の風通しの良さです。企業パンフレットを見て、貴社では、社長向けにプレゼンテーションを行う機会があると知りました。社員の声をトップが拾い上げて実現するスピード感のある経営だと感じています。自分自身もその一員になって働きたいと強く思いました。

　以上3つの理由により私は貴社を志望させていただきました。

ポイントは、① 自分なりの視点
② Dリベでないといけない理由

■あなたが学生時代に力をいれてきたことはなんですか？（800字以内） *分かりやすい。*

　私が学生時代に力をいれてきたことは**3つあります**。

　1つ目は飲食店でのアルバイトです。アルバイト先ではその接客技術をかわれてバイトリーダーになりました。飲食店に勤めている中で、お客様に寄り添い、丁寧に接客することが重要であると学びました。これからもお客様を大切にするという気持ちをもっていきたいと思います。

　2つ目が高校時代の部活動です。私は、高校時代に甲子園を目指して日々仲間と共に野球をしてきました。野球部では、レギュラーになるための部員間の競争もありますが、勝利をつかむためにはチームワークが欠かせません。常にチームをベストな状態にもっていくために、私は自分のポジションを守るだけではなく、率先して声出しも雑用もこなしました。

　3つ目は大学受験を頑張りました。高校時代は、部活動で野球を高校3年生の冬まで続けていたので受験勉強との両立が大変でしたが、勉強も部活も中途半端に終わらせたくないと思い、最後までやり切りました。この経験から自分の決めたことを最後までやりきるという責任感を学びました。これからも自分の行動に責任を持って取り組みたいと思います。

　以上、3つが私が学生時代に力をいれたことです。

高校生の頃の話よりも、大学に入ってからの取り組みを書くべき。

ポイントは、具体的な エピソードを通じて伝えること！

060

高橋亮子
ミーティングの課題について
宛先 神田大輔

神田さん、

キャリアコンサルタントの高橋です。昨日はお疲れさまでした。
さて今回のミーティングでは、
• Dリノベーションを想定して書いたESを改善する
• Dリノベーション向けに理想のESを作成してみる
という2つの課題を出しています。
おそらくESの改善に先に取り組むと思いますが、どのようなことを
書けばいいか悩むかもしれません。そのような場合には、理想のES
を書くほうを先にやってみましょう。遠回りに思えるかもしれません
が、結果的には良い勉強になると思います。

めどがついたら次回の面談の予約をしてください。

高橋

 そっか。理想のESから先にやるのか……。しかし、プロはすごいな。「お
前の悩んでいることは全部お見通しだ！」って感じだな。

> 大輔はさっそく机に向かい、理想のESについて考え始めました。
> それから2時間が経過しました。

 うーん、できた。こんな感じかな。理想のESしか書けていないけど、ま
あいいだろ。よし、高橋さんに連絡しよう。

> 大輔が高橋さんにメッセージを送ると、
> 次回の面談が3日後に設定されました。

理想のESを書くことの意味とは？

> 3日後の朝です。大輔は、初回面談と同じカフェに向かいました。

 （今日は余裕で間に合うな。2回目だし）

高橋さんはもういるかな……。

 神田さん、こんにちは。

 （あ、もういた！）こんにちは。すみません、遅くなりました。えーと、さっそくですが、理想のESだけですが完成させました。これです。見ていただけますか？

■あなたが当社を志望した理由はなんですか？（800字以内）

　私が貴社を志望した理由は3つあります。
　1つ目は、貴社で働いている大学の先輩から話を聞いて、リノベーション事業に魅力を感じたからです。特に先輩社員から「家は、お客様にとって人生で最大の買い物であり、正解がない難しい仕事ではあるが、お客様に認められたときの達成感は大きい」という話を聞いたとき、私は幼少時代に、祖父の家の取り壊しの際に泣いている父の姿

を思い出しました。そしてあの時に、リノベーションという選択肢は
なかったのか、家族の思い出になる部分を残して次の家を建てられな
かったのかと考えました。そこで大学ではリノベーションの研究室に
入りました。様々な選択肢を提示できるリノベーション事業は、お客
様の人生に深く関わるという責任とともに、大きなやりがいがあり、
生涯の仕事にしたいと考えています。

　2つ目は、貴社のDパークタウン事業の「人と共に生きる街」とい
う理念に共感したからです。リノベーション事業というと1つの住居
を改装するというイメージが強いですが、Dパークタウンは、空き家
の多い地域を1つの街として捉え、事業を展開している点に驚きまし
た。空き家の増加という社会問題への解決策の提示だけでなく、人々
の新しいライフスタイルを提案している点に共感するとともに、自分
も社員の一員となって街をつくっていきたいと考えています。

　3つ目は、貴社のチームワークを大切にした風通しの良い社風に惹
かれました。先輩社員から、仕事をする上では他部署との調整もある
が、お客様のためにより良い商品をつくるという目標は皆同じで、妥
協せずに話し合うと聞きました。また、貴社は社長へのプレゼンの機
会もあるという風通しの良い社風です。私自身も野球を小学生から続
けており、皆が目標のために遠慮せずに話し合えるチームが強いこと
を知っています。そういった社風のある貴社であれば、私自身もチー
ムの一員となって貢献できるはずです。

■あなたが学生時代に力をいれてきたことはなんですか？（800字以内）

　私が学生時代に力をいれてきたことは2つあります。
　1つ目は、「お客様の要望を徹底的に聞く」ことです。私は、建築
学科にて、住宅のリノベーションに興味を持ち研究をしてきました。
リノベーションは、元々の住宅の良さを活かしながら、お客様のニー

ズを最大限に反映する必要があります。そして研究室の課題として、実際にリノベーション提案を複数件体験しました。

　その中で最も苦戦したのは、最初は住み慣れた住居を活かして老後を暮らしやすいようにしたいという要望であったのが、何度プランを提示してもお客さんが納得してくれない案件でした。そこで根気よくヒアリングを繰り返していくと、孫が頻繁に遊びにきてほしいという想いがあることがわかりました。そこでバリアフリー兼子供が裸足で遊び回れる家を提案しました。その結果、建築学科での最優秀賞に加えて学生コンテストで大賞を受賞することができました。この経験によって、お客様の希望を引き出すことの重要性を学びました。そしてその後の課題でも、お客様自身が言葉にできないでいる要望を掴み取る努力を続けています。

　2つ目は、「チームのために自ら率先して動く」ことです。私は、小学生から野球を始め、現在は大学の野球部に所属しています。勝利のためにはチームワークが必要であるため、私は特に後輩の指導に尽力しました。後輩からのアクションを待つのではなく、自分の空いた時間には後輩の癖を観察してアドバイスを行い、良いプレーがあれば積極的に声掛けして称賛することを心がけています。

　今では後輩から生活面での相談を受けることもありますし、監督からもチームの橋渡し的な存在として認識されています。小さな積み重ねであっても、自分のプレーを誰かが見てくれているという安心感を皆に感じてもらうことが重要です。また、それがチームワークの向上につながっていると感じており、仕事をする上でも大切にしていきたいと考えています。

 はい、読んでみますね。

高橋さんがESを読みはじめてから3分ほどが経ちました。

これは頑張りましたね！　どんな意図で書いたのかを説明してもらえますか？

（やった！）ありがとうございます。

えーと、僕は、本当は経済学部なんですが、やっぱりリノベーション会社といえば建築学科のほうが嬉しいかなと思って、まず建築学科の学生ということにしました。また実際に家のリノベーション案なんかを考えていて、学生のうちに賞をとった設定です。

あとは、僕はやっぱり野球が好きで努力してきましたから、野球についても書いています。ただし高校生からではなく、1つのことを続けられる人間だと魅力的かなと思って、小学生から始めたことにして、あとサークルではなく部活のほうがいいかなとも考えました。

なるほど。いいですね。確かに、この人物であれば、Dリノベーションの採用担当者はもちろん、ほかの企業でも会ってみたいと思う担当者は多いでしょうね。もちろん改善できるポイントはありますが、よく書けていると思います。

でも……、これは僕じゃない別の人ですよね。確かにこんな人がいたらすごいな、確実に面接に進むだろうなと思って書いてみましたが、**今回の取り組みにどんな意味があるのですか？**

僕はもう2年生ですし、やっと経済学が少し楽しくなってきたところです。いまから大学を受け直すことや転部などは考えていませんよ？

はい、もちろんこの取り組みには意味があります。また建築学科に入り直す必要もありません。

まず志望企業であるＤリノベーションにとって理想的な人物を想像してみることで、**企業の視点から、採用したい人物像を考えた**ことが重要です。会社から見た理想的な学生を考えるためには、業界や企業のことをよく理解する必要がありますし、**実際に似たような人がライバルになるかもしれません。**

えー、こんな学生がいたら確実に負けます……。

人材ポートフォリオとは？

落ち込まなくていいんですよ。これは勝ち負けの問題ではありませんし、ライバルを上回らなければ採用されないという意味でもありません。

数人しか採用しない場合は別ですが、一定規模以上の企業の場合には、それなりに多くの人を採用するわけです。そして同じような人ばかりを選ぶわけではなく、**採用する際には人材ポートフォリオを考えます。**

ポートフォリオですか？

ポートフォリオとは、元は書類を挟んでおくフォルダのことを指します。それが分野によって、たとえば金融業界では複数の資産をどう組み合わせるかという資産構成の意味で使われますし、クリエイターにとってはこれまでの実績や制作物をまとめた作品集の意味になります。ここでは、**企業**

がさまざまなタイプの人材をバランスよく採用するという意味です。

 なんとなく、わかりました。

 企業はさまざまな人材を必要としています。同じ企業にほかにどんな学生が応募するのかを考えて、自分がその企業に加わるとどのような面で貢献できるのかを考えるためにも、ライバルについて知っておくことには意味があるのです。

 そうか……。1人でなんでもできるわけじゃないし、建築学科を出た学生ではできないことを考えて、ほかの面で活躍できるってことをアピールすればいいということですね。

理想の自分に近づくために

 その通りです。この取り組みの2つ目の意味として、**これから何をすればよいのかを考えるきっかけ**になります。理想的な人物を具体的に想像したことで、**自分には何が足りないのか、またどの部分を向上させることが必要なのか**を把握することができたはずです。

 自分で考えた理想的な学生に負けないように、実際に行動していく必要があるということですね。

 その通りです。繰り返しになりますが、これは勝ち負けということではありません。2人とも採用されればいいわけですが、そのためには理想の自分になれるように行動していく必要がありますね。

さて、神田さんが今回書いてくれた理想的なガクチカ、つまり自己PRには良いところが2つあります。1つ目は、具体的なエピソードが述べられていること。それによって説得力が出ています。そして2つ目は、「お客様の要望を徹底的に聞く」「チームのために自ら率先して動く」といった**行動特性や人間性が明確になっている**ことです。それにより企業の視点からすれば、この学生を採用したらどのような形で活躍してくれるのかが想像できるわけです。

そうですね。自分で書いておいてなんですが、僕もこんな学生になれたら自信を持って就活に臨めそうです。

それでは神田さん、実際の就職活動が始まるまでには、まだ1年もあります。**理想の自分に近づくために、その間に何ができるか**考えてみてください。そして**実際に行動に移しましょう。**

はい。来年の就活までに、理想に近い自己PRを書けるように、何をやればいいか考えてみます。

それではいま、時間を少し取るので、考えてみましょう。

え、いま、ですか？

はい。5分くらいあればいいですね？

5分ですか。やってみます……。

これからできる取り組みとは？

5分が経過した頃、高橋さんが声をかけました。

 いかがですか？

 うーん、とりあえずできそうなことを書き出してみました。まずせっかく入ったゼミなので、頑張って勉強したいと思います。そのためにはゼミ長とか、何か重要な役職に就いたほうがいいかなと考えました。

また自分にとって大事な活動なので、野球は続けます。そしてチームワークを向上させるために練習内容などを勉強して提案します。あとはアルバイトで後輩を教えるのも自分にとって良い経験になると考えました。

> これから 何 ができるのか？
> ・ゼミでの仕事
> 　　たとえば、ゼミ長や副ゼミ長 に立候補する。
> 　　ゼミの運営を がんばる。
> ・自分の専門 といえる分野を作る
> 　　ゼミの研究活動に真剣にとりくむ。
> ・高校から続けている野球は、やめない
> 　　チームワークを大切にする。
> ・居酒屋のアルバイトも続ける
> 　　新人の指導を率先してやる。

この中で神田さんにとって**最も大きなチャレンジ**はなんですか？

そうですね。ゼミで勉強を頑張ることでしょうか。安藤先生のゼミは、契約とか組織について勉強するというので経営学っぽいことを扱うのかと思ったら、かなり数式なども出てくるガチゼミでした。あ、ガチゼミというのは、ガチで勉強するゼミということで……、なんとなくわかりますよね？

はい、わかります（笑）。

それでせっかくだからちゃんと勉強したい、そのためには重要な役職に就けば、勉強や運営などに**取り組まざるをえない状況に自分を追い込める**かなと。

そうですね。人間は誘惑に負けやすいものです。当初はやる気であったとしても、少しずつ手を抜いてしまうかもしれません。そこで大事になるのが、始めたらやめられない状況に自分を持っていくことであり、そのための手段が**「コミットメント」**です。ゼミ長になるというのは、コミットメントになりますね。

でもまぁ、ゼミの役職はほかの学生の希望もありますし、自分1人で決められる問題じゃないんですけどね。

はい、その通りですね。しかし役職を決めるまでに、皆に信頼されて「ぜひ神田さんにゼミ長をやってほしい」とほかの学生から思ってもらえるように努力できるといいですね。

頑張ります。しかし就活が始まるまで、実質的に1年くらいしかないわけ

で、できることって限られていますね。

そうでしょうか。誤解しているかもしれませんが、**就活が始まるまでに結果が出るような取り組みに限定して考える必要はありません。**

えっ？

企業が学生に求めているのは、そのような短期的な視点からの取り組みだけではありません。より長期的な課題に対して、計画的に取り組みを進めているのであれば、**現時点ではその結果が出ていなくても構わない**のです。

自分がどうなりたくて、何をなぜやっているのか。今後の見通しはどうかを説明できれば、それは十分に自己PRに使える材料となります。

そうなんですね。それなら……、もう少し、できることを考えてみたいと思います。

ここまでガクチカと自己PRについて考えてきたわけですが、理想の志望動機についてはいかがでしょうか。

自分のやりたいことを見つけるために

はい。理想の志望動機を考える際に、業界や企業のことを少し調べてみました。改めて考えてみると、**そもそも僕は、Dリノベーション株式会社が第一志望なのか**という点に疑問を持ってしまいました。

今回は、高橋さんから具体的に企業名を想定してESを書いてみようと言われたので、ゼミの先輩が働いているDリノベーションを身近な例として思いついたわけです。しかし僕は、住宅や不動産業界が本当に第一志望なのか、もっと向いた職業があるのでは……と考えるとわからなくなってきました。

 そうでしたか。実際にESを書いてみることを通じて、就活のルールを知ることが目的で始めた取り組みですので、志望する業界や企業についてはこれから考えていきましょう。

 こんなことを聞いていいのかわかりませんが、そもそも**自分がやりたいこと、入りたい会社を見つけるにはどうしたらいいんでしょうか？**

 もしかして、神田さんは「やりたいこと」を仕事にするって考えていませんか？

 え……、違うんですか？

たとえば、テレビに出ているお笑い芸人は、自分がやりたいからお笑いをやっているわけですよね。歌手もそうです。歌を歌うのが好きなんですよね。

そういう**自分がやりたいと思うことがあって、それを仕事にする**んだと思っていました。

 なるほど。自分のやりたいことを仕事にして、それで生活している人のことを考えているわけですね。そして志望動機を考えているなかで、そもそも自分は何をやりたいのかで迷ってしまったということでしょうか。

 そうなんです。もちろん卒業したら就職しますし、自分の働いたお金で暮らしていきたいと思っています。

でも、お金がたくさんもらえることよりも、まずは自分がやりたいと思える仕事であり自分に向いた仕事をやるのが幸せなことかなって……。あの、よく天職って言いますよね。それに出会うためにやるのが就活かなって。

 わかりました。まず神田さんに**必要なのは、自分を知ること**です。自分の志望業界や志望企業を絞り込んでいくために、いまから3つの円を描いて考えていきましょう。

 「3つの円」ですか?

 そうです。こちらをご覧ください。

ここには、それぞれ**「自分のやりたいこと」「自分にできること」「社会や企業から求められていること」**とあります。この３つに神田さんが現時点で考えていることを書いてみましょう。

はい。最初は「自分のやりたいこと」ですね。

ここには具体的にどんな職種に就きたいのかを書いても構いませんし、海外で働くとか多くの人に会う仕事といった働き方についての希望でも構いません。

次の「自分にできること」には、自分の得意分野を書いて下さい。またこれから身につけようとしているスキルでも、すでに努力を始めている内容であれば書くことができます。

そして「社会や企業から求められていること」には、他の人が神田さんに何をしてもらいたいのかを想像して書いてください。

はい、やってみます。えーと……。

大輔は少し考えてから、書き始めました。

書けました！　どうでしょうか？（右ページ上の図）

はい、神田さんは、やはりチームで働くことを重視しているんですね。それでは、この３つの円を重ねてみましょう（右ページ下の図）。

３つの円の中に書いた条件を見て、そこにうまく重なる部分はありますか？　仮に、**やりたい・できる・求められるの三条件を完全に満たす仕事**

大輔の3つの円

自分のやりたいこと

- いろいろな人に会うこと
- チームで仕事をする

自分にできること
（または、現在勉強中で
これから身につけるスキル）
- チームワーク
- リーダーシップ
- 経済学の勉強
- 野球

社会や企業から
求められていること

- 便利な商品や
  サービスを届ける
- 困っている人を助ける
- 良く人の話を聞く

3つの円の重なり

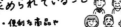

自分のやりたいこと

自分にできること
（または、現在勉強中で
これから身につけるスキル）

社会や企業から
求められていること

を見つけることができれば、まさに天職と言ってよいでしょう。しかし現実には、すべてを満たすのは難しいわけです。

 うーん、難しいですか……。

3つの円と仕事の選び方

 はい。残念ですが。たとえば、やりたいことがあっても実際にうまくできなければ仕事になりません。ミュージシャンになりたいけれども歌もあまり得意ではなく楽器も弾けなければ、仕事にすることはできないわけです。

また、やりたいしできることであっても、社会から求められるものでなければ収入を得る仕事としては成立しません。たとえば、逆立ちをして歩くのがとても上手な人がいて、それを仕事にしたいと思っていても、誰もその芸に対してお金を払わなければ生活できませんよね。

 それはまあ、そうですよね。

 そして、自分にできることであって、社会から求められる仕事であっても、本当はあまりやりたくない仕事というケースもあります。この場合には、仕事としては成立するわけですが、満足度は高くないでしょう。

極端な例を考えてみましょう。現在アメリカで活躍しているプロ野球の大谷翔平選手ですが、彼は野球が得意でプロチームから求められる才能なわけです。しかし仮に、大谷選手がじつは野球よりもサッカーが好きだった

としたら、どうでしょうか。

 大谷選手はリトルリーグ時代から有名で、野球が本当に好きだと思いますよ？

 これは「仮に」の話です。野球は上手だし他人からも求められている。しかし好きなことは別にあったとして、そちらは成功するとは限らない。

このような場合には、自分のやりたいことを選ぶか、それとも求められることを選ぶかといった選択を迫られることになります。

 確かにそうですね。プロスポーツ選手で、本当はやりたかった別の分野に転向してみたけど、あまり活躍できなかったケースはありますからね。バスケットボールのマイケル・ジョーダンが野球に挑戦したときとか。

 マイケル・ジョーダン？　すみません、よく知らないのですが、納得してもらえたならよかったです（笑）。

仕事を選ぶ際の優先順位とは？

 それで、やりたいことと求められていることがズレていたら、どうすればいいんでしょうか？

 そうですね。自分がやりたいことがあったとして、それが社会から求められるかどうかについては、難しい問題ですね。運の要素もありますし。

たとえば、売れないお笑い芸人として活動している人がいたとします。そして本人は「これは絶対に面白いネタだ。いつか時代が追いついてくる」と信じていたとします。このときアルバイトをしながらでも舞台に立ち続けるという選択肢があるでしょう。ただし生活は苦しいかもしれない。

一方で、やりたい芸人としての仕事は諦めて企業で働いた場合には生活は安定するかもしれません。しかし「あのとき続けていれば」と後悔することもあるでしょう。

頑張って続けていれば、いつかは売れるかもしれないし、売れないかもしれない。それでも続けるかどうか。こればかりは本人が決めることです。

 うーん、そうなると何歳までは頑張って続けて、それを超えたら方向転換をするとか考えておく必要があるってことですね。または優先順位を決めて、やりたいことを続けるなら、ほかのことは諦めるとか……。

 単純に考えると、**できるということは、仕事とするうえで最低限の条件となります。**できることのうちで、やりたいことを優先するか、それとも求められることを優先するかというのが、よくある選択でしょう。

ただし、いまはできなくても、続けているうちにできるようになるという可能性もあるわけです。社会的に必要とされる仕事に就きたい。しかし現時点では、たとえば必要な資格がないので、勉強していつかはその仕事に就くといったパターンもありますね。

 少しずつですが、わかってきた気がします。

 さて、神田さんの3つの円に戻って確認しておきましょう。そこに共通す

る要素はあるでしょうか?

 えーと、僕の場合に共通するキーワードは、人、チーム、そして協力でしょうか。でも、**これだけでは、自分が何の業界や企業がいいか、ちょっと絞りきれない**ですね。

 そうでしょうか。特定の業種までは決められなくても、方向性はわかるはずです。たとえば、希望する職種は、研究職や事務職ではなく、営業職がよさそうだなとか。チームで仕事をすることがよさそうだなとか。

 あー、確かに。そのくらいの決め方でよければ、少し方向性は見えてきたような気がします。

でも、**まだまだ「自分のやりたいこと」の深掘りが足りない**ような気がするし、**「自分にできること」も少なすぎて**自信を持って**この仕事をしたいと決めきれない**ですよね……。

 そうかもしれませんね。しかし、神田さんにはまだ時間があります。先ほど考えた、これから自分がやるべきことを実行してみましょう。その経験の中で「自分にできること」は増えていくはずですし、「自分のやりたいこと」も同時に見えてくるはずです。

 そうですよね。

まず僕に必要なのは、就活よりも前に**自分がどんな人間になりたいのかをよく考えること**のようです。

また同時に、できることを増やしていく。そのためにも先ほど考えた

（1）ゼミでの取り組み、（2）野球、そして（3）アルバイトについてのチャレンジを実行に移そうと思います。

 そうですね。応援していますよ。

 なんだか、就活が少し楽しくなってきました。

 それはよかったです。皆さんの世代は、元気ならば70歳を超えても働き続けるのがおそらく当たり前になっていると思います。大卒の場合でも50年近く、またはそれ以上の長い労働人生があるわけです。

そのためにも最初の就職先は重要です。どのようなキャリアを築いていくのかという方向性を決めることになるからです。一方で就職したら終わりではなく学び続けることも不可欠になります。

そして、就活や働くことを辛いと考えるのではなく、自分を向上させるチャンスとして捉えて楽しむことができれば、そのほうがよいですからね。

 わかりました。上手に楽しめるように頑張ります！

第2話はここまでです。本日の大輔くんの相談を通じて、皆さんは何を学びましたか？　重要なポイントをまとめておきましょう。

- 企業は採用時に人材ポートフォリオを考えます。
- 理想の自分に近づくために必要な取り組みを考えて、それにコミットしましょう。
- 自分に合った仕事を見つけるために、やりたいこと・できること・求められることを整理してみましょう。

自己分析はなぜ必要か？

 こんにちは。高橋さん。今回も神田さんがお世話になりました。

 先生、こんにちは。彼もいろいろな気づきがあったようですよ。

 はい。今回も経済学の視点を交えながら、就活について考えていきたいと思います。

自己分析の必要性

 よろしくお願いします。

さて、神田さんには「自分がやりたいことってなんだろう？」という疑問がありました。これは**就活を進めていく過程において、必ず向き合うことになる疑問**です。そんなときに出てくる方法論として「自己分析」があります。

私が新卒で就職活動をしていた頃も、自己分析、企業研究、適性検査対策

の3点は必須のものと認識されていました。分厚い自己分析の本を2週間くらいかけてやった記憶があります。そこで、安藤先生に質問です。

問5：就職活動に自己分析は必要だと思いますか？

 はい。必要だと思います。ただし、自己分析とは何か、また**なんのために自己分析をやるのかを正確に理解する**ことが重要だと考えています。

たとえば「自己分析」というキーワードでネット検索をすると、さまざまな情報を入手できます。そこでは、

- 自分の過去を振り返って出来事を時系列で書き出す
- 自分の体験やエピソードなどを振り返る

など、方法論についてのアドバイスはありますが、そもそもなぜ自己分析が必要なのかを理解したうえでやったほうがより効果的です。

 はい、そうですね。なぜ自己分析をやるのかを理解してからのほうが、意味のある取り組みができるはずです。

 自己分析は、まず**自分のことを知るために必要**です。人間は自分のことを知っているようで知らない。自分に合った仕事を見つけるためには、何を優先するのか、また、どこは譲れないポイントなのかを理解することが不可欠です。

厚生労働省の「新規学卒者の離職状況」によると、大卒者は就職後の3年間でおよそ3割が離職します。そしてこの数字は長期的に安定しています。このことから最初の就職では**人と仕事のミスマッチがあった**ことがわ

かります。

 はい。中卒で就職した人の7割、高卒で5割、大卒で3割が3年以内に離職してしまうことを指して、「七五三現象」などと言いますね。

 それでは離職した若者はどんな形で次の仕事に就くのでしょうか。私も加わった調査（全国求人情報協会「若者にとって望ましい初期キャリアとは」2018年10月31日）では、じつは早期転職の満足度は約70%であること、また**小規模企業への転職や、賃金が減少する転職でも、6割から7割が満足している**ことがわかりました。

 かなり高い数字ですね。最初に就職した企業より、規模も小さく賃金も低い職場への転職でも満足している人が多いという結果に驚く人は多いと思います。

 そうです。これはたとえば、大学生が就活をする際には、転勤などもある大手企業への就職を希望していたけれども、実際に働き出してみるとハードワークすぎて自分に合わなかったといったケースを含んでいるわけです。そして転職を通じて適職に近づいたことから満足しているという回答につながったものと考えられます。自分の希望をよく理解できていないと、このような遠回りをしてしまうかもしれません。

 しかし実際に働いてみなければ仕事や職場との相性、また一緒に働く人との相性がわからないという面もあります。

 確かにそうです。ここで重要なのは、**避けられるミスマッチと避けられないミスマッチを区別すること**です。

避けられるミスマッチ、避けられないミスマッチとは？

たとえば、全国的な転勤がある会社に入社したものの、実際に最初の配属先が地方支店とされたことを大きな理由として離職した新入社員の話が、一時話題になったことがあります。これは推測ですが、有名大学を卒業した自分がまさか地方配属になるとは思わなかったのかもしれません。

しかし、転勤があることを理解したうえで会社に入ったはずなのに、転勤を理由としてすぐに離職するというのは双方にとって不幸なことです。このような避けられるミスマッチをなくすためにも、労働条件については認識を明確にしておくことが必要でしょう。

はい。そして避けられないミスマッチにあたるのが人間どうしの相性なわけですね。昔から、大企業なら、上司と合わなくても3年我慢すれば、上司か自分のどちらかが配置転換になるといった話もありました。しかし変化の激しい時代に、3年という時間は待つには長いわけです。

そうですね。避けられないミスマッチへの対応については、転職に伴うデメリットも理解したうえで判断するしかないと思います。

少なくとも自分の希望する生活スタイルや働き方について、またやりたい仕事内容についてよく考えておくという意味での自己分析は、**避けられるミスマッチを避けるためには重要**です。

また自分の希望を明確にするだけでなく、どんなことを嬉しいと感じるのか、何が得意で何が苦手なのかなども把握しておく必要があります。

まさにそれが自己分析ですね。

 またよくある自己分析の方法論としては、過去を振り返るというものがありますが、それは自分の好みや考え方を知るためのものです。ただし、知るだけでは不十分であり、**それを言語化することが求められます。**

 エントリーシートでも採用面接でも、学生は採用担当者に対して自分のことを伝える必要があります。会社と相思相愛であることを採用担当者にも理解してもらうためです。そのために言葉にすること（＝言語化）が大事ということですね。

 はい。そして伝わるように、**情景が浮かぶような具体例をセットで考えておく**わけです。たとえば、「私は粘り強く1つのことに取り組む人間です」ということを伝えたいとしても、抽象的な言葉だけよりも、そうですね、「幼稚園の頃からピアノのレッスンを続けて、いまではホテルのロビーでピアノ演奏のアルバイトができるくらいの腕前になった」とか「山登りが趣味で、関東圏の日帰りできる山は制覇した。山頂で食べるご飯が美味しい」という実話がセットになっていたほうが信用できますね。

 なるほど。**自分を知る→相手に伝えたい内容を考える→どのようにすれば伝わるかを考える**という流れで整理するのは効果的ですね。

自己分析のメリット

それでは私からも、自己分析についての質問です。

> 問6：自分を理解するために自己分析が必要とはいっても、具体的に、どのような取り組みをするとどんなメリットがあるのかを、学生は知りたいはずです。
>
> 高橋さんは、具体的なメリットについて質問をされたらどのように回答しますか？

具体的なメリットですね。わかりました。

就活における自己分析の効果としては、**面接担当者のどんな質問にもある程度の受け答えができる**という利点があると考えています。

神田さんとの最初のやりとりにもあったように、採用する企業側は不安なわけです。その不安を解消するために何ができるのかという話に関連するのですが、面接が進んでいくと、雑談のようでじつは重要な質問を受けることがあります。そして、そのような**予想していなかった質問に直面すると、答えにつまってしまう**んですよね。

たとえば、どんな質問でしょうか？

雑談のように聞こえる質問として、たとえば「あなたの大切にしている信念は？」とか「挫折経験から学んだことは？」とか「あなたのキャッチフ

レーズは？」などがあります。

これらは、「会社に入って活躍してくれるか？」を知りたくて聞いているわけです。そのため回答すべきなのは自己PRに相当する内容です。

また「同業他社ではなく当社を選ぶ理由は？」とか「最近、関心を持っているニュースは？」などは、志望動機に関する質問だと捉えることができます。したがって「この学生は内定を辞退しないか、また入社してもすぐに辞めてしまわないか？」という不安を解消するための要素が伝わる回答が求められています。しかし、**突然質問をされると、その意図が汲めずに、的外れな答えを返してしまう**ことになります。

そうですね。たとえば気になるニュースを聞かれて、仮に本当に気になっていたとしても「動物園のパンダが子どもを産んだので、名前が何に決まるかが気になる」と答えたら、相手は困ってしまうでしょうね（笑）。

だから、私も学生の就職相談に乗る際には、質問の意図を把握するように何度も働きかけています。そして自己分析を十分にやっていれば、引き出しが多くなる分、**同じ主張の根拠となる多数の具体例を示すことができる**ようになり、説得力が増す点を強調しています。

そうですね。最終面接に近づけば近づくほど、目の前の人と一緒に働く確率は高くなるわけですから、採用担当者は「この人と一緒に働きたいか？」という点について真剣に見る、**人柄を確認していく作業になる**わけですよね。

その際に、質問が雑談のようだからといって、本当に雑談として回答するわけにはいかないのです。

面接に慣れておこう

 自己分析に加えて、**面接に慣れておくことも必要**です。志望業界や志望企業を最初から限定してしまい、そこしか受けないというのではなく、日程や体力が許すのであれば、いろいろな会社を受けて、受け答えのパターンを知っておくとよいでしょう。

いきなり本番というのではなく、まずは面接を体験してみたほうがよいというと、「関心のない企業を受けるなんて相手企業や採用担当者に対して失礼だ」と感じるかもしれません。しかしやみくもに応募するのではなく、きちんと考えて興味を持った会社にアプローチすることは、学生の立場からは知りえなかった**良い企業に出会う機会**にもつながります。

 そうですね。面接に慣れるというのは必要です。最近は「自分はコミュニケーション能力が高い」と自信を持っている学生が多いようですが、教員の立場からはとても心配です。学生どうしやアルバイト先の友人知人とワイワイ仲良くやるのは得意であっても、**それは求められているコミュニケーション能力ではありません。**

就職活動で問われているのは、慣れ親しんだ仲間内で盛り上がる能力ではなく、大人対大人のコミュニケーションであるということを忘れてはいけません。自分とは接点が少ない中高年のおじさんやおばさん、また高齢者など**初対面の相手に対しても、相手のちょっとした反応などを読み取って、会話を成立させる**ことができる学生は多くはないでしょう。

 そうですね。面接に慣れるというのは、初対面の相手との会話が上手になっていくことを意味しています。**準備した内容をひたすら話すようでは、コミュニケーションがとれているとは言えません。**

そして、**就職活動を通じて学生が成長する**というのは、自分に向き合う機会を持ったことだけでなく、多くの初対面の大人とのコミュニケーションを通じて、自信を持って会話ができるようになったという点も大きいはずです。

 その通りです。就職活動を経験した後の学生を見ると、やはり「成長したな」と感じることが多いですね。

嘘や誇張はやめておこう

 はい。それでは次の質問に移りましょう。

> 問7：面接に慣れることで、学生側に心の余裕が生まれると、企業の採用担当者との会話においても自然に振る舞えるようになってきます。しかし面接慣れしてきた学生の中には、**自分の経験などを誇張して伝える人もいる**ようです。

先生は、エントリーシートや面接で大袈裟に表現すること、嘘をつくことについて、どのように考えますか？

 それはやめたほうがよいと考えます。理由は３つあります。

まず１つ目の理由は、「うまく話せている」と思っても、**多くの場合には相手に気づかれている**可能性が高いことです。

就職活動の際に「サークルで副幹事長をやっている」とか「アルバイトでバイトリーダーになった」ことを話して、「その経験を通じて、リーダーシップを身につけました」などと言う学生がたくさん登場するわけです。いやほんとに笑っちゃうくらい同じようなことを言います。

 ありそうなことですね。

 しかし、企業の採用担当者も多くの学生を見ているプロです。細かな部分を確認されたときに明確に答えられなければ、逆効果です。所属している団体の学生数を少し多めに言うとか担当している役職を重要なものとして説明するとか、「これくらいならわからないでしょ」と思う内容でも、**丁寧に話を聞いていると細かいところで綻びが見つかるもの**です。

そして、細かいところで嘘をつく可能性がある人間と一緒に働きたいと思いますか？　信用して仕事を任せられますか？　難しいですよね。だからこそ、自分をよく見せようとして大袈裟に言うのではなく、きちんと実績を積み上げていくことが必要なのです。

２つ目の理由です。面接において嘘をつき通すだけの準備をして、場数を踏めば、一部の企業では採用試験をクリアできるかもしれません。しか

し、そのような努力をするよりも、**自信を持って紹介できる経験を実際に積む努力をするほうが、全体で見たら労力は少なくてすむ**からです。

そして3つ目の理由です。これが最も重要な点です。仮に面接の練習などを繰り返し、誇張した自分を演出して、実際に志望企業に採用されたとします。しかし、本当の自分を見せていたら採用されないかもしれない企業に潜り込んだとして、その後も無理を続けることができるでしょうか？

おそらく長続きはせず、**その企業で働き続けることが難しくなる**と思われます。もちろん環境に順応してうまく働ける人もいるかもしれませんが、少数派でしょう。そのようなギャンブルをするくらいなら、**学生時代に自分の能力を伸ばしてほしい**ですね。

なるほど。いまはこれだけSNSが普及している時代ですから、相手が調べようと思えば、素の部分や本人の実績も調べられてしまいます。嘘をつくことのリスクは高いですよね。

また就職活動というのは採用されることがゴールなのではなく、実際に長期にわたって働く場所と出会うための取り組みです。その意味で、**偽りの自分で採用されたとしても、長続きしない**というのは大切なポイントですね。

どんな場合でも誇張することは悪いことか？

ただし、すべての面で正直に言えばよいとも限りません。たとえば、新卒採用に限らない一般論として、「この仕事ができる人を募集しています」

という条件付きの求人があったとします。

このとき、完全にはその条件は満たしていない段階でも**「できます！」と言ってチャレンジしてみる**ことでチャンスが広がることが考えられます。

もちろん現時点で何ができて、これからどのような取り組みを行うのかを正直に話す必要がありますが、実際に働き出すまでの間に必要な資格を取るなど結果を出せる人だと判断されれば、採用されるかもしれません。

 その点については、性別による差があるそうですね。

 はい。経済実験などさまざまなデータを通じて、男性のほうが競争に積極的に参加する傾向があることが知られています。そして女性のほうが競争に参加しないだけでなく、確実に条件を満たしていないと手を挙げない傾向もあるわけです。興味があれば、森知晴さんによる研究紹介「ニーデルレ＝ヴェスタールント『女性は競争嫌い？　男性は競争しすぎ？』」をご覧ください※。

とりあえず「できます、やります」と言い切ってしまい、退路を断つことで、やらざるをえない状況に自分を追い込んだほうがメリットがあるかもしれない。これを経済学では**「コミットメント」**と言います。高橋さんと神田さんの会話でも登場しましたね。

人間はやらなければならないことを先送りする傾向があることから、この

 ※「ニーデルレ＝ヴェスタールント『女性は競争嫌い？　男性は競争しすぎ？』」
https://www.jil.go.jp/institute/zassi/backnumber/2016/04/pdf/024-027.pdf

ように自分を追い込むことを目的として誇張することは有益だと考えます。そして女性には、そのような傾向の違いも認識したうえで、積極的に「できます」と言ってチャレンジしていただきたいとも思います。

 私も、**少しの誇張は行ってもよいと**考えています。この「少しの誇張」というのは、**過去の自分の選択に対して理由を後付けする場合**です。

たとえば、大学受験の際には、特に深い考えもなく大学や学部を選ぶことはあります。「偏差値を参考にすると、入学できそうだったから」という理由で選んだ大学でも、就職活動の面接において「合格しそうな大学を受けて、受かった中から最も評判が良い学部を選んだ」などと正直に答える必要はないわけです。

それよりは、自分が通う大学の良い点などを挙げて選んだ理由を説明したほうが好ましい人物だと評価されるはずです。

 そうですね。

資格や留学は効果的か？

 ところで、先ほど「自分の能力を伸ばす」という話がありました。続いてこの点について疑問があります。

> 問8：資格や留学といった学生の間に取得したり経験したりできる事柄は、就職活動において優位性があるのでしょうか。キャリアコンサルタントの視点からは、どのように考えますか？

弁護士資格や教員免許といったように資格と業務が直結するタイプのものではなく、英語や簿記のような**一般的な技能に関する資格取得が費用対効果の観点から意味があるのか**は、学生の視点から関心がある事項だと思います。

新卒採用では、多くの場合、企業は目の前の学生の潜在的能力に期待をして採用を決定します。また**大手企業に採用された学生も、資格や留学経験がある人ばかりではない**わけです。

したがって決定的な影響があるわけではないので、仮に難しい資格や留学経験がなくても、「それだけで諦めないでください」と不安に感じている学生に対しては伝えます。ただし、**意欲や能力を伝える道具にもなるので、計画的に取り組むことができれば有益**ですね。

安藤先生は、学生さんに資格取得や留学などを勧めますか?

 私が学生に訊かれたら「資格には効果があるが、誤解を与えないように注意しましょう」と答えると思います。

まず学生が資格を取ることは、**情報の非対称性の問題を軽減**します。情報の非対称性とは、取引当事者のうち、情報を知っている人と知らない人がいる状況のことです。

学生は自分の能力や適性についてある程度知っているが、企業側は知らないという非対称性があるとき、双方にとって望ましいマッチングが実現しない可能性があります。情報面で劣位にある企業側が騙されたくないと考えて採用を躊躇するからです。

取引の対象となるものの品質がわからないと、買い手の側が取引に及び腰になるというのはよくあることですね。

 その通りです。このような状況を「**アドバース・セレクション（逆淘汰）**」と言います。適者生存を意味するナチュラル・セレクション（自然淘汰）の逆で、良い人や良い商品の売り手は市場から出て行ってしまい、悪いものだけが残るというメカニズムが働くからです。関心がある方は、ミクロ経済学の教科書で確認してください。

シグナリングとしての資格や留学

 　このように情報の非対称性があって取引が成立しないとすると、もったいない状況なわけです。このとき当事者たちはできることを探します。

そして能力が高い学生が、そうではない学生と自分とを区別してもらうための材料として資格を取るといった行為が発生するわけです。能力が高い学生であれば少しの努力で取得できるが、能力が低い学生には取得できない、または取得するのが非常に難しい資格があったとします。このとき**この資格の有無が、能力を判断する良いシグナル（＝判断材料）として機能する**ことになります。

 「**シグナリング**」という話ですね。

 はい。このような観点から、資格取得や留学がシグナルとして機能するのであれば意味があります。

 これに対して、簡単すぎて誰でも受かる資格では意味がありません。また、優秀な人は1回で受かる資格試験に何度も落ちてしまい、**かなり苦労してやっと合格した**というのでも、**自分の能力を伝えるという意味では逆効果**だと考えられます。

 なるほど。まさに「会社に入って活躍してくれるだろうか？」という不安を解消するための判断材料になるかが重要なわけですね。

それでは、珍しい資格や留学経験があることで、マイナスに働くことはないのでしょうか？　**少し変わった人物である**とか、**優秀すぎて合わない**などと判断される可能性はありませんか？

 はい、その可能性もあります。

たとえば、非常に優秀で、超一流も含むどんな会社もぜひ採用したいと考えるはずの学生がいたとします。Aさんとしましょう。そしてこのAさんが第一志望としている企業は、業界でも中堅どころのX社だったとします。ここで学生のAさんがX社の採用に応募したとして、必ず採用されるでしょうか？

おそらく確定とは言えないでしょう。X社側は、Aさんを面接に呼んだと

して「本当にこの学生はうちの会社に来てくれるのか」と不安に感じるからです。面接においてＡさんが「御社が第一志望です！」と言ったとしても、信じてもらえない。何しろ、処遇面でもより優れた超一流企業が奪い合うような人材なのですから。

 確かにＸ社側では、内定を出しても結局は採用できないパターンではないか、また採用できたとしても離職確率が高いのではないかと心配になってしまうケースですね。

 そうなんです。このケースは極端ですが、**資格取得がこれに近い状況をつくり出してしまう可能性**があります。

たとえば、能力を示すシグナルとして機能すると考えて学生が英語の難しい資格を取ったとします。その上で国内企業が顧客で海外の仕事がほとんどない製造業に応募したとします。すると、本当は英語を活用する仕事に就きたいのではないか、たとえば商社から内定を得たらそちらに行ってしまうのではないかという不安を企業側は感じることになります。

その意味で、**資格を取ることや留学すること**は、一般的には能力の証明になりますが、**資格の内容と企業の業種や職種によっては逆効果になりかねません。**したがって、どのような資格が自分の希望する業種で必要なのかをよく考えることが大切ですし、もし不安を持たれるような資格がある場合には、「なぜこの資格を取ったのか」と「御社が第一志望である理由」をうまく説明する努力が求められます。

 優秀すぎて逆効果な場合や他業種や他社に向いた人材だと判断されてしまうリスクが資格や留学経験にはあるということですね。

技術進歩とスキルの陳腐化

 加えて、学生の皆さんは、現時点では有用な資格や技能を持っているからといって、**企業がそれを思ったほどには評価してくれない可能性**も考慮しておくとよさそうです。

コンピューターや人工知能（AI）が急速に進化する現代において、資格や技能は学ぶ意欲や能力の証拠、つまりシグナルとしては評価されますが、有用性を失っていく資格や技能そのものは評価の対象とならない可能性があるのです。

 人間の仕事が機械によって奪われる、それにより仕事を失うことを経済学では**「技術的失業」**と言うと先生は以前お話しされていましたね。

 はい。技術進歩により、これまで必要とされていた仕事が失われてしまうこと自体は、昔からありました。たとえば自動車が登場して馬車の仕事が無くなりました。しかし最近はその変化のスピードが加速しています。そうなると私たちは、キャリアの途中で仕事内容や働き方を変える必要があるわけです。そのため、企業は、**機械にはできない人間の発想力やコミュニケーションの力を発揮できる人材を重要視している**という調査結果もあります[※]。

 ※総務省統計：図表4-5-3-1 AIの普及に対して企業が従業員に求める能力
https://www.soumu.go.jp/johotsusintokei/whitepaper/ja/h30/html/nd145310.html

いずれにせよ、資格や留学経験があるから就職活動で必ず有利というわけではなくて、資格を取得した理由や目的、学んだことなどを明確にしておき、自己PRできることが重要ということになりそうです。

 私が就職活動をした際の体験ですが、集団面接のときに、カラーコーディネーターの資格を持っている男子学生が隣にいました。その資格を見た面接担当者が「珍しい」と感じたらしく、彼に興味を持って話が弾んでいたんですよね。結果、彼は次の面接にも進んでいました。

この事例からもわかるように、**資格の有無が大事というよりは、その資格の話をきっかけに学生と面接担当者の話の幅が広がり、本人の性格や能力が伝わることが効果を持つ**と考えたほうがよいでしょう。

こういった効果をひっくるめて、「会社に入って活躍してくれるだろうか?」という**企業側の不安を少し和らげてくれることになる**わけですよね。

 そうですね。あくまで、少し和らげるという効果ですが、就活においては、**その少しが採用を決定する判断材料となる**かもしれません。

 今回も、経済学の理論や考え方を知ることで、就活のルールが見えてくるようなお話でした。安藤先生、どうもありがとうございました。

 ありがとうございました。

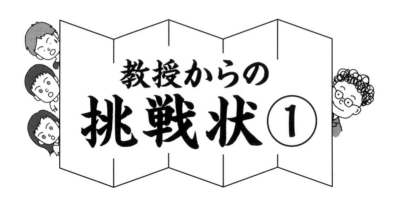

教授からの
挑戦状①

　ここまで皆さんには就職活動の基本となる考え方を紹介してきました。その中で最も重要なのは、学生と企業の間には情報の非対称性があり、企業は不安だという点です。

　どうすれば相手の不安を解消できるのか。この問題を考えるうえで、最初に取り組む必要があるのは、エントリーシート（ES）に書く志望動機と自己PRの内容や表現を十分に検討することです。

　そうは言っても、最初から上手にESを書くのは、誰にとっても難しいことです。そこで皆さんへの課題として、他の学生が書いた３つのESの添削をしてもらいます（ただしこれらは実在の学生によるESではなく、著者が練習用に作成したサンプルです）。

　具体的には、
(1) どの部分にどんな問題があるのかをできるだけ多く指摘してください。
(2) 問題がある部分をどのように修正すれば、より良いものになるのかを検討してください。

<u>ケース1</u>

　まずは最初のESです。この学生は、不動産開発の会社を志望しています。

■あなたが当社を志望した理由はなんですか？（800字以内）

> 　私は、貴社の開発した建物をみて、私もこんな建物を開発したいと思ったからです。特に新宿にある商業ビルは、普段からよく買い物をしていて、非常に買い物がしやすく、魅力を感じています。私もこんなビルを開発したいと考え入社を志望しています。また貴社の安定性も志望した理由の1つです。少子高齢化や災害、新型コロナウイルスなど、最近は予測できない出来事が起こります。そんな中で、貴社は非常に安定した経営をしており、魅力を感じています。私は、安定した経営の中でこそ新しいチャレンジができると思っているので、貴社のように安定した基盤をもつ企業への入社を志望しています。次に、貴社の働きやすさも重視しています。企業パンフレットを見て、女性社員だけでなく男性社員の育休取得率も高く、独自の休暇制度も充実しています。また、社員の自己啓発にも費用がでるとききました。このように、社員のワークライフバランスを十分に考えてくれる貴社は、社員を大切にしていると感じますし、今の時代に合っていると思います。このような個人の働き方に理解があり、充実して働けそうな環境で私自身も長く働きたいと強く思いました。

■あなたが学生時代に力をいれてきたことはなんですか？（800字以内）

　私は衣料品店でのアルバイトを頑張りました。私は服が好きなので、衣料品店でアルバイトをしていました。そこでは、季節を先取りした商品の提案やお客様の好みに合わせた服を接客しなければいけませんでした。そのため、私は笑顔で接客することを心がけるように努力しました。その結果、その衣料品店では頼られる存在になりましたし、お客様からも感謝の言葉をもらう嬉しさを感じました。また高校時代の部活動です。私は、高校時代にバトミントンをしていて、日々仲間と共に県大会を目指して練習してきました。残念ながら、県大会への出場は叶いませんでしたが、共に練習した仲間とは今でも仲が続いていますし、この部活動を通じて仲間で頑張ることの大切さを学びました。大学ではサークル活動を頑張りました。サークル活動では高校に引き続きバトミントンサークルへ所属しました。夏と冬の年2回大学対抗のバトミントン大会があるので、私たちはその大会に向けて授業の合間をぬって週3回練習に励みました。その結果、第14回関東圏大学対抗の大会では第3位になることができました。高校時代からバトミントンを続けてきていることで、粘り強さや忍耐力が身についたと思います。

ケース2

2つ目のESです。この学生は食品業界が第一志望です。

■あなたが当社を志望した理由はなんですか？（800字以内）

私が貴社を志望した理由は3つあります。

1つ目は、貴社の先輩社員から話を聞いて、事業内容に興味を持ったことです。特に「人が生きるために必ず必要としている食品に関わっている仕事をしていることが誇らしい」という点に魅力を感じました。私も自分の取り扱っている商品に自信を持って仕事をしたいと考えて就職活動をしています。そのため、その先輩社員の話を聞いて、これは自分が志望している働き方であると感じましたし、誇りを持って仕事している社員の方々の一員となって一緒に働きたいと考えています。

2つ目は、貴社の安全性を第一にした商品をつくり続ける姿勢に共感したからです。貴社の商品はロングセラー商品が多いです。それは、お客様に美味しいから好感を持たれているだけでなく、食品の安全性に配慮してつくり続けていることが支持され信頼されているのだと思います。私は食品においては安全性が一番大事であると考えていて、その信頼を失うことが一番企業にとって怖いことであり、最終的には売上に直結することだと思っています。その安全性を愚直に守り続けている貴社が素晴らしいと感じており、志望しています。

3つ目は、貴社の社員を大切にする姿勢を感じたからです。貴社では、ＯＪＴとして先輩社員が後輩社員と共に仕事をして、学んで成長していく社風があると企業パンフレットで知りました。また、社内外で多くの勉強会を行う風土があることや経営者のトップもその勉強会

に参加することもあると知りました。これは、日々社員の皆さんが自ら学んでいく姿勢を持っているのだと感じました。そういった社員のいる会社は成長しつづけると思いますし、お互いに刺激し合うことのできる環境だと思っています。自分自身もそういった成長できる環境で働きたいです。

　以上3つの理由により私は貴社を志望させていただきました。

■あなたが学生時代に力をいれてきたことはなんですか？（800字以内）

　私が学生時代に力をいれてきたことは2つあります。

　1つ目は「迅速な対応力」です。私は、経済学ゼミの副ゼミ長を務めており、ゼミの運営、方針などを率先して決め、計28名を取りまとめています。学年の違う学生が集まることで学習度合いや意識の違いが課題であり、一度ゼミを休んでしまうと毎回休むようになってしまう後輩も見受けられました。私はその解決のためには、情報の共有が一番重要であると考え、Scrapboxというゼミ共有の作業システムを導入しました。ゼミの議論がリアルタイムで確認できたり、オススメの本や学習方法なども皆が自然に投稿できたりするような場をつくることにより、後輩が次のゼミに出席する抵抗感がないように工夫をしました。その結果、今では誰一人欠けることなく、学年も関係なく闊達な議論のできるゼミになりました。この経験から、課題があると感じた時には、放っておかず迅速に対応して解決を探るということを身につけました。

　2つ目は「理論を実践に移す行動力」です。私は、バスケを高校時代から続けており、現在も大学のチームに入っています。大学では全国から人が集まってくるため考え方が多様であり、お互いのプレーを認め合うことができないという課題に直面しました。そこで私は、経済学のゼミで学んだ多面接触による協調実現の理論を思い出しまし

た。この理論に当てはめると、多くの選手とプレー内容以外の会話も増やすことでチーム内の信頼関係が構築されるということがわかりました。そこで私は率先して、チームメイトに軽い声掛けから始めていき、ランチＭＴ、テスト勉強会などを企画しました。それらが徐々にチーム内に広がることで格段にバスケでのチームワークも向上していきました。バスケと経済学の理論という一見結びつかなそうな事柄に感じますが、日常生活に理論を落とし込んで実行していくことが大切なのだと学び、今後も活かしていきたいと考えています。

ケース3

最後は製造業を志望する学生のESです。

■あなたが当社を志望した理由はなんですか？（800字以内）

　私が貴社を志望した理由は3つあります。

　1つ目は、貴社の企業理念である「先進・独自の技術を持って人々の生活の豊かさに貢献します」という点に非常に共感しました。私は、就職活動の軸として「自社の技術と商品がある・人の役に立つ会社」ということを大切にして企業選びをしています。貴社の企業理念は、私の軸と一致しており、非常に共感を持ちました。同じ理念を持って仕事している社員の方々の一員となって一緒に働きたいと考えています。

　2つ目は、貴社の伝統を守った商品を大切にしながらも、新しい分野へも挑戦していく姿勢を感じたからです。貴社の歴史は古く、創業者がつくった技術や精神を反映した商品を守りつづけている一方で、

伝統に甘んじることなく、新たな技術の開発をし、人々の生活をさらに豊かにする努力もしています。私はメーカーにおいては伝統と革新性の両立が大事であると考えていて、貴社がその精神を持ち続けている経営だと感じており志望をしています。

　3つ目は、貴社の時代に合わせて働き方を変化させていく柔軟性に共感したからです。貴社では、在宅勤務やオンラインでの会議を奨励するなど、働き方改革に率先して取り組んでいます。また、貴社では、スマイルチケット運動として、社員同士で助けてもらったり良いことをしたりした場合にスマイルチケットを送り合う文化があると知り、非常に良い取り組みだと思いました。その運動に経営者も含めて参加しているとのことで、これは社員の皆さんがお互いを助け合う、協力するという姿勢を自然にもっているのだと感じました。そういった社員のいる会社は意思疎通がしやすくチームワークが良い環境だと思っています。自分自身もそういった皆がチームワークを大切にする環境で働きたいです。

　以上3つの理由により私は貴社を志望させていただきました。

■あなたが学生時代に力をいれてきたことはなんですか？（800字以内）

　私が学生時代に力をいれてきたことは2つあります。

　1つ目は「率先して動く行動力」です。私は経営学ゼミにて大学の地元商店街を盛り上げるという活動をしています。ゼミでは元々、さまざまな企業の経営理論を学んでいたのですが、実際にお店を経営することで理論を検証してみようという案が出ました。私はこれを案のままでは終わらせたくないと思い、ゼミ生に声をかけ議論した結果、大学、行政、地元商店街の組合へのプレゼンを経て、商店街の一角にカフェ兼情報発信スペースを設けて、ゼミにて運営をすることになりました。今は、カフェの運営に伴う人員の配置や売上管理、商店街や

教授からの
挑戦状①

地元の人々を巻き込んだイベントの実施などを行っています。この活動を通じて、率先して動く行動力のある人に皆がついてくるということを実感しました。このことは、自分自身の貴重な財産になっており、今後も活かしていきたいと考えています。

　2つ目は「負けず嫌い」です。私は、4人兄弟の中の一番下で、幼い頃から上の兄弟に負けられないという想いを持ち、負けず嫌いの性格でした。特に中学時代から続けていて、現在は大学の体育会にも入っているバレーボールにおいても、この負けず嫌いの性格は発揮されています。私はバレーをするには背が低くレギュラーになることは難しいと思われていたのですが、どんなボールもレシーブするという強い信念のもと、人一倍練習をしました。その結果、コートにボールが落ちる瞬間まで諦めないという負けず嫌いの性格をレギュラー選抜の試合にて発揮したことで、背が低くても担当できるリベロというポジションをレギュラーで獲得しました。この経験から、欠点であったものを発想の転換をすることで有効に活用するということを学びました。これは、早期に諦めてしまったら実現できなかったことであり、負けず嫌いの私の強みを今後も活かして会社や社会に役立てていきたいと考えています。

　いかがでしたか？　ここではほかの学生のESの問題点を指摘するという取り組みを通じて、読む側の視点に立って記載内容を評価すること、またより読みやすい文章とはどのようなものかを考えてもらいました。

　添削の例は、本書のサポートページに掲載しますので、自分で実際に作業してみてから確認してください。

就職活動
これからどうする?

第3話の主人公である翔は、N大学経済学部の3年生です。現在、就活に熱心に取り組んでいますが、自分が希望している働き方について考えが定まっておらず、苦戦中のようです。そこで今日は、労働経済論を担当している安藤先生に相談に行くことにしました。

コンコンコン！　安藤研究室の扉をノックする音。

 はい、どうぞ。

 こんにちは。3年の三崎翔（みさきしょう）です。いま大丈夫ですか？　就活について、ちょっと教えてほしくて来たんですけど。

 はい、いまはオフィスアワーの時間なので大丈夫ですし、授業内容以外のことでも構いません。

 さっそく、質問がたくさんあるんですけど……。

えっと、まずは企業研究についてなんですが、**やっぱり企業研究ってしないといけない**んですかね？　受ける全部の企業を研究するのは大変なんで、どうなのかなぁと……。あとは、**自己PRについても**聞きたいです。自己PRって1つじゃ足りないですか？　あとは、**SPIとか、テストセンター**とかで落ちることってあるのかなぁ？　ほかにも、**質問がたくさんあるんです！**

先生、教えてもらえませんか!?

 落ち着いてください。現在、三崎さんは就職活動中であり、質問がたくさんあるということはわかりました。まずは現状を教えてください。

 すみません……。**これから、本格的に就職活動か**と思ったら、焦ってしまって……。

僕は、いま、大学3年生です。夏休みを利用して、2つのインターンシップを経験しました。1つ目は、大学の単位にもなるインターンシップで、A人材会社で2週間のインターンシップに参加しました。小さな会社でしたが、いろいろな仕事を経験させてもらいました。

2つ目は、こちらは大手人材会社Bのグループ会社で、求人情報サイトを運営しているC社の3日間のインターンシップです。

人材業界を志望していて、大手のB社が第一志望です。それで、9月中旬から大学の後期授業も始まるんですが、就職活動も同時に本格的に始めないとなぁと思っています。

 インターンシップも体験していますし、志望業界もすでに定めているようですね。**現時点では非常に順調に就職活動を進めている印象**を受けますが、どのようなことを知りたいのでしょうか？　何か悩みがありますか？

学生が抱く不安とは？

 悩んでいるというよりは、就職活動に対する不安や疑問をあらかじめ解消しておきたいのです。僕は、昔から予想外のことが起こるのが少し苦手で……。できれば万全な準備をしてから本番を迎えたいという希望があるんです。

でも就職活動は、その時期が来てしまい、周りもやっているからという理由で始めました。そして、とりあえず何かやらないといけないと考えてインターンシップにも参加しました。一応、インターンシップの機会をもら

えるように準備をして、志望業界も決めましたし、自己PRや志望動機も
なんとか書くことができました。

はい。

でも、もし興味を持った会社を全部落ちたらどこにも就職できないわけ
で、そうなると困るので、**興味がなくても多くの会社を受けておかないと
いけないのかなぁ**と思ったりして……。

ただ、興味がなくても受けるからには、企業研究は必要だよなと思うんで
すが、面接やグループディスカッションの準備もまだできていません。だ
から、そんな興味のない会社の研究までする時間もないよなと思ったりし
て……。ちょっと、混乱してきてしまったというのが、いまの状況なんで
す。

わかりました。それでは相談内容をまずまとめてみましょう。

不安や疑問点として、企業研究や自己PR、SPIとテストセンターといっ
たキーワードが登場しました。それらを大きく分類すると、

> ・1つ目は、企業研究をはじめとした**企業選び**について
> ・2つ目は、テストセンター対策のための勉強や面接における自己
>   PRを考えておくといった**採用試験の準備**について、そして
> ・3つ目は、面接やグループディスカッション対策といった**実際の採
>   用試験における行動**について

と分けられると思いますが、いかがですか？

はい。そうですね。大きく分けるとその通りだと思います。

 わかりました。ただし全部の質問に答えるには、今日のオフィスアワーでは時間が足りません。あと20分で講義の時間になってしまいます。

そこで三崎さんに紹介したい人がいます。キャリアコンサルタントで大学生の就職支援もしている高橋さんです。すでにウチの学生でも何人か相談に行っていて、わかりやすいと評判ですよ。会ってみませんか？

 はい、よろしくお願いします。話を聞いてくれる人がほしかったんです！

 それでは日程の候補を後で連絡してください。私のメールアドレスはわかりますね？

 はい！

> 数日後のことです。初回面談の当日を迎えた翔は、
> 待ち合わせたカフェで高橋さんを見つけました。

 三崎さん、こんにちは。安藤先生から疑問点については聞いています。さっそく**「企業選びに関する不安や疑問」**から、一緒に考えていきましょう。

 よろしくお願いします。言葉で説明しようとすると言い忘れてしまうかもしれないので、企業研究については疑問点を書き出してきました。

> ★ 企業研究 とは何か？
>
> ★ OB訪問 はしたほうが良いのか？
>
> ★ ブラック企業の見分け方は？
>
> ★ 福利厚生の見方、調べ方は どうすれば良い？
>
> ★ ワークライフバランスや働き方改革への対応に
> ついて どうすれば分かるのか？

 それでは1つずつ説明してもらえますか？

 はい。まず「企業研究ってなに？ 受ける会社を全部研究してないとダメなの？」という疑問です。次は、「公表されている資料による表面的な企業研究だけじゃ、何もわからない気がする。OB訪問、OG訪問はしたほうがいいの？」です。

3つ目は、「いわゆるブラック企業を見分けるには？」です。「福利厚生はどこを見るべきか？ どうやって調べるの？」というのも気になります。最後に、「流行りのワークライフバランスや働き方改革を取り入れた会社なのか、就活の前にわかるのかな？」です。

企業研究はなぜ必要なのか？

 わかりました。

三崎さんは、企業研究がなぜ必要だと考えますか？ 別の言い方をすると、**なぜ企業は企業研究をしている学生を採用したいのでしょうか？**

 そうですね。やっぱり、受けるからには、相手のことを多少は知っていないと失礼になると思います。新しい友達に出会って、これから仲良くなるかもしれないといった状況とは違いますから。その会社に入るための試験ですもんね。

 相手のことを知っていないといけないのは、「失礼になるから」という面もありますが、より重要なのは、**相手のことを知らないと関係が長続きしない可能性が高い**ということです。

企業側は、新入社員にはしっかりと働いてほしいと考えています。また実際に内定を出す学生に対しては、内定を辞退せずに入社してほしいし、入社した後は簡単に辞めてもらっては困るとも考えています。

これに対して企業研究ができていない学生を採用してしまうと、その会社の仕事内容を理解していないことから、活躍できないかもしれない。また思い描いていたイメージと実際の仕事が違うと、不満が生まれて離職する可能性が高いわけです。

 なるほど。確かに異性と付き合うときも、相手のことを知らずに勝手なイ

メージだけで付き合いだすと、「なんか違う」となって別れてしまうことが多いですよね。

はい。企業の視点からは、採用にも教育にも時間とお金がかかります。それなのに内定辞退や早期退職をされると、その分が損失になります。

したがって、**仕事内容や働き方についての認識や希望が学生と企業の間である程度は一致していることが、採用を決めるためには不可欠**になるのです。つまり、望ましいマッチングを実現するために企業研究が必要なんですね。

でも、学生側が頑張って企業のことを調べないといけない……。

もちろん採用活動の過程において、**企業側も積極的に自社の仕事内容や働き方を説明して学生の理解を得ようとします。**しかし、一方的に待っているだけの学生と一緒に働きたいとは企業側も思いません。当然ながら、学生側にも相手を知る努力をすることが求められるのです。

なるほど。企業研究って、単に採用してもらいたいから、学生側ばっかりがいろいろ勉強して相手のことを知らないといけないのかぁなんて、ちょっと不公平に感じていました。でも、自分が幸せに働くために必要な作業でもあるんですね。そう思うと、ちょっと頑張れそうです。

はい。理想論のように聞こえるかもしれませんが、**相思相愛の関係を築ける相手を探す**ために、**学生と企業の双方が相互理解を深める過程が就職活動**なのです。

昔は、新卒で入った会社から良い条件で転職することが難しいと考えられ

ていました。また短期間で仕事を辞めてしまう場合は、その新入社員側に何か問題があったのではと推測されてしまうこともありました。そのために、就職後に不満があったとしても「3年は我慢しよう」というのが一般的な考え方だったのです。

このような環境だと、見込みのある学生を甘い言葉で誘っておいて、入社したら「聞いていた話と全然違った！」ということもありました。

 うわっ、それは騙しているってことですよね。ひどい！

 しかし現在は、早期での転職も可能ですし、フリーランスなどさまざまな働き方が選択できる時代です。そのため、ほかの選択肢を持つ学生は「話が違う！」と感じたら、傷が浅いうちに辞めてしまうことができます。

このことを理解している企業は、学生の要望を捉えようとしますし、自社のことをよく知ってもらおうと考えるわけです。その取り組みとして、企業説明会での先輩社員との対話や充実したインターンシップ制度などがあるわけですね。

企業研究の具体的な取り組みとは？

 企業研究というのは、具体的には、**どのようなことをやればよいのでしょうか**。企業のホームページをよく見ればよいとか、そんな簡単な話ではないですよね。

 そうですね。たとえば、

> - その会社がどんな仕事をしていて、業界における位置づけはどうか
> - 入社したらどんな仕事を担当する可能性があるのか
> - 先輩社員や上司のタイプ、また仕事の進め方など社風はどうか

などをまずは調べてみてはいかがでしょうか。

このような事項をしっかり理解すると、**企業側がどのような人材を求めているのかを把握する**ことができます。そうすると、どのような自己PRが有効なのかを考える際の材料となります。また同時に、志望動機として、なぜこの業界のこの企業で働きたいと考えたのかを具体性を持って説明することにもつながります。

 しかしそうなると、受けようと思うすべての会社について企業研究をするのって大変ですね。OB訪問なども含めてとても時間がかかってしまいます。大学の授業にも出たいし……。

 だからこそ**業界研究**があるのです。まず志望している業界について、全体像を把握します。三崎さんは、インターンシップも経験しているので、すでにいろいろと学んでいると思います。

そのうえで**各企業の違いなどを捉えて、第一志望から第三志望くらいの企業までは、企業研究を丁寧に行う**ことが効率的な取り組みとなります。

具体的には、新聞、会社四季報、業界地図本などを読むこと、またOB・OG訪問や会社説明会への参加が多くの学生により行われています。

 わかりました。全部の企業を丁寧に調べるのは無理だなぁと思っていましたが、**効率性を考えて取り組んでもよい**ということですね。

はい。就職活動は時間が限られていますし、ほかにもやらなければならないことがあるはずです。

次の疑問は、**志望企業での働き方をどうやって調べるのか**、またOB・OG訪問の必要性についてでしたね。三崎さんは、すでに志望企業をかなり明確に決めていますよね。すでにその会社のことを調べたと思うのですが、それでは不十分だということでしょうか。

 はい。ニュースなどでは「働き方改革！」とか言ってるけど、どの企業も本当に真剣に取り組んでいるのかなって。会社説明会では、企業側は良いことしか言わないですし、OB訪問や面接で「残業は何時間ですか？」とか聞くのも、ちょっと印象が悪いですよね。だから、**本当のところはわからないなと思っています。**

理想の働き方を考える

 なるほど。それでは、三崎さんにとっての**理想の働き方について教えてもらえますか？**

 理想の働き方ですか……。えっとー、そうですねぇ。理想を言ってよいなら……、忙しいときは仕方ないですけど、**基本的には定時に帰れることや在宅でも仕事ができる柔軟性、あと結婚して子どもができたら休みをとりやすいなんてことも重要ですかねぇ。**

 はい。それでは賃金など収入面ではどうですか？

 賃金って給料ですよね。えーと、**ふつうに生活できる程度の給料はほしい**です。あと、たまに贅沢なものを買ったり、美味しいものを食べたりもしたいです。それに、将来のために貯金もしたいなぁ。だから、会社の**福利厚生も結構重要**です。家賃補助や寮があるといいなぁ。

 いろいろと具体的な要望があるようですね（笑）。

 はい。でも、**こんなことばかりを説明会で聞いたり、先輩に質問したりしてくる学生って、企業も嫌ですよね？　それは僕もわかってる**んです。

まだ成果も何も出してない学生が、働き方や福利厚生のことばかりを聞いてくるなんて、僕が先輩でも嫌ですから。だから聞けないし、実際のところはあんまりわからないんですよねぇ……。

 そうですか。それでは、三崎さんの**理想の働き方を書き出してみましょう**。その際に、注意してほしいことが2点あります。

1点目は、希望する働き方は時間の経過にしたがって変わるということです。たとえば、入社3年目くらいまでは、仕事を覚えるために忙しくてもいいと思えるかもしれません。しかし、結婚して子どもができたら、休みを多く取りたいなと思うようになるかもしれない。このように**時間軸を意識して**記入してみてください。

2点目は、**なるべく具体的に想像する**ということです。たとえば、仕事をするときの服装はどんなものか、在宅ワークの頻度はどの程度か、転勤の有無なども含めて、できる限り詳細に自分の希望を想像してみましょう。

書けました！　どうでしょうか？

 お疲れさまでした。とても具体的に書けましたね。そして、たくさん希望がありますね（笑）。

 今は高橋さんに見せるだけで、志望企業が相手ではないと思ったら、遠慮せずにたくさん書けました（笑）。

理想の働き方

入社5年目まで
　仕事を覚えるために残業が多くてもがんばる！
　でも、土日は休みたい。（休日出勤、サービス残業ナシ！）
入社5年目以降
　自分の裁量で仕事ができる範囲が増えて、
　自分の時間も大切にできるようになる。結婚していれば
　家族のために一緒にご飯を食べる時間や子育ての
　時間もとりたい。
入社10年目以降
　責任ある仕事を任せられているが、仕事の進め方は
　ある程度は自由になる。在宅勤務や短時間勤務も
　できるようにしたい。
その他
・スーツよりなカジュアルな服で働く　・通勤時間が短い
・東京で働きたいので、転勤がない　・男も育休をとれる
・在宅勤務と出社を選べる　・家賃補助が出る
・退職金がある　・福利厚生が充実（旅行補助・資格取得
　　　　　　　　　　　　　　　　　　　　　　の支援など）

労働法を知る

 最初に、**「残業が多くてもがんばる！」というところについて**です。じつは、会社側が命令して、労働者側が受け入れたとしても、**時間外労働ができる時間には法律で定められた上限があります**。

このような**労働関係の法規制は、働くにあたって知っておく必要がある基本的な事項**ですから、簡単に説明しますね。さらに興味があれば、安藤先生に聞いてみてください。

はい。

まず、企業に雇われて働くことを「雇用」と言います。これは、労働者は企業の指揮命令に基づいて労働力を提供することを、また企業は賃金を支払うことを約束する契約です。

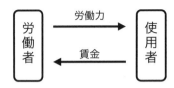

雇用という契約については、その基本ルールが民法に定められています。ただし企業側（これを専門用語では「使用者」と言います）と労働者が対等な関係であることを前提としています。

対等ですか……。

しかし現実には、企業側のほうが交渉力が強いことも多く、労働者と使用者（これを合わせて「労使」と言います）が合意すればどのような働き方をしてもよいとしてしまうと、労働者側が一方的に不利益な条件を押し付けられてしまう可能性があります。

そこで、民法の基本ルールが労働法により修正されています。労働法は民法の特別法という位置づけであり、**労働法のルールのほうが優先される**わけです。

はい。

 ただし、労働法という名前の法律があるわけではなく、労働基準法や労働契約法など、働き方に関する法律を総称して労働法と呼んでいます。

そしてこの労働法は、時代の変化に合わせて頻繁に改正されています。先ほど時間外労働（いわゆる残業）には上限があるという話をしましたが、以前は労使の合意があり、割増賃金を支払っていれば実質的には上限がないような緩い規制でした。しかし過労による健康被害などが減らないことから、大企業では2019年の4月から、また中小企業でも2020年の4月から**時間外労働に上限規制が導入されたのです**。

 たしか、それは労働経済論の授業で勉強しました。

 つまり、新入社員の三崎さんが、仕事を覚えたいから毎日深夜まで残業したいと思っても、または、上司が毎日朝まで仕事しろと指示したとしても、そのようなことは法律で明確に禁止されているわけです。

こういった法制度については、**自分自身を守るためにも、ある程度は知っておく必要があります**。

 はい、わかりました。

働き方の実態を知るためにできること

 労働法を守ることは前提として、企業はそれぞれ独自の労働条件や福利厚

生の内容を決めています。それでは働き方に関する条件が**三崎さんの希望する働き方に合っているかどうかを確認するためには**、どうすればよいのでしょうか？

 そこがわからないのです。企業ホームページや会社説明会で確認する、先輩社員に聞くだけでは不十分だというのはわかるのですが。

 そうですね。さまざまなアプローチが考えられますが、**本当に気になる企業があるなら、その会社の前まで行って、働いている人々を観察してみる**という方法はいかがでしょうか。

一日中その会社の前で観察するのは難しくても、数時間観察してみるとわかることがたくさんあるでしょう。具体的には、社員の皆さんの服装の様子や楽しそうに会話しているか、夜遅くまで電気がたくさんついているかといったことから働き方を読み取るのです。

 なるほど。**自分の目で確認してみるのも1つの方法**ですね。

はい。働く人の髪型や服装、また表情などを見て、自分がその中に入って働いていることが想像できるなら、自分に合った会社として真剣に検討できますよね。

 確かに！

 また会社を見に行くだけでなく、商品があれば購入して使ってみる、サービス業なら利用してみることも、その企業について知ることにつながります。

次に、先輩社員に聞くのは躊躇（ためら）われるという話についてです。三崎さん自身が、企業ホームページや会社説明会などを利用してきちんと情報収集したうえで、理解できない点について要点をしぼって質問するのであれば、企業側も嫌な気持ちはしないと思います。

たとえば、企業HPに「子育て休暇を付与」「社員の誕生日に特別お祝い金」なんて記載があれば、子育てに理解がある、社員を大切にする会社であることが垣間見えるわけです。企業研究をしているという点と合わせて、実情の働き方を質問することは可能だと思います。

 確かに、そうですね。**相手に対して興味を持って質問している**ということがわかれば、嫌な気持ちはしないですね。

じゃあ、僕の希望が全部かないそうな企業も見つかるかも！

トレードオフの関係を理解する

 ちょっと、待ってください。**いいところ取りはできませんよ。**

三崎さんの希望を見ると、都内で働き続けたい、勤務時間や働き方に自由がほしい、給料が高く福利厚生もしっかりしていてほしいといった条件がありますね?

残念ながら、これらの**すべてを同時に満たすのは難しいのが現実**です。

 えっ!

 余人をもっては代え難い、とても希少価値がある能力を持つ人は別です。しかし多くの人は、現実には、いずれかの条件を優先させる代わりにほかを諦めています。たとえば、

> - 給料は高く福利厚生はしっかりした大企業の総合職だけれども、転勤はあるし残業も多い
> - 転勤はなく勤務体系も自由な中小企業だけれども、給料はそれなりで福利厚生は少ない

といった働き方をしています。

労働条件というのは全体を総合評価して、魅力的かどうかを判断するわけです。そして三崎さんと同じくらいの貢献度を期待できるほかの労働者が受け入れている条件よりも、どこかの面で高い条件を求めるなら、どこか

では譲ることも必要です。

やっぱり、希望は全部はかなわないかぁ……。じゃあ、働き方を調べる意味ってどうなんだろう。結局は、企業の言う通りに働くしかないんですよね……。

いいえ、調べる意味がないことはありません。

なぜなら、先ほどの記入の際に注意点として挙げた時間軸を考えるという点に注目すると、三崎さんのライフイベントに合わせて**働き方の希望は変わっていく**ことが予想されます。

自分にライフイベントがあって働き方を変えたいというときには調べておいたほうがいいことがあります。たとえば、会社にどのような制度があって、さらにその制度をほかの社員に気兼ねすることなく利用できる雰囲気かどうか。時代の変化に合わせて経営者が必要な制度を導入していく会社かどうか、などです。こうした実態を知っておくことは、三崎さんの今後のキャリア形成にとっても、非常に大切です。

はい……。

先ほど、「どちらか一方の希望をかなえれば、もう一方の希望はかなわない」という話をしました。たとえば、**会社説明会で「若いうちから仕事を任せる」などという話があれば、半面「残業や転勤も頻繁にある」ということがあるかも**しれません。

三崎さんも若いうちは、それでも大丈夫と思うかもしれませんが、年齢を重ねると残業や転勤をすることが難しくなり、給料は下がるけれども転勤

のない仕事に変更したいと思うかもしれません。そのときに、社員の生活に合わせて対応してくれる会社かどうかは見極めておく必要があります。

 なるほど。会社説明会での説明ひとつとっても、自分なりに解釈して理解していく必要がありますね。

すべての働き方の希望がかなうわけではないけれども、自分なりに志望する企業の働き方を調べていきたいと思います。まずは、納得して就職先を決めたいですから。

 頑張ってください。転職はもちろんできますが、**最初に入社する会社はとても大切**です。

多くの人は未経験者として就職して、研修などもありますが、実際に仕事をこなすことを通じてスキルを身につけていきます。そして若いうちの経験がその後のキャリアに大きな影響を与えるのもよくあることだからです。

では、今日はここまでにしましょう。

 はい。次回は就活の準備に関する不安や疑問について、相談させてください。

> 翔は大学に戻ると、サークルの部室に向かいました。
> 部屋では同学年のタカシがひとりでスマホをいじっています。

 あれ。なんか、疲れてない？　ショウ、大丈夫？

あー、ちょっと就活について考えてた。マジな顔になってたかな（笑）。

 そっか、お互いそろそろ本気で始めないといけない時期なんだよなー。

 俺さ、さっきまで安藤先生の紹介で会った人に、就活相談に乗ってもらってたんだよね。

そこで「企業研究の意味」とか「働き方の考え方」とかを教えてもらって、だいぶ助かった。たまに「ムズイなぁ」って思うこともあるけど（笑）。

 へー。じゃあ、いい感じで就活できそうじゃん。

 うーん。まぁね。でもまだまだわからないことや不安もあるし、これからって感じ。

でも、その高橋さんていう相談している相手に働き方の希望を聞かれたから答えたら、**「イイトコどりはできない」なんて言われてさ**。確かに仕事が楽で、面白くて、給料も高いなんて会社はないのはわかってるけど、会社選びって難しいよね。

でさ、自分なりに企業研究して内定もらって入社したら、ブラック企業だったとかなったらサイアクだよね。

 うーん。確かにね。会社なんて、入ってみないとわからないよなぁ。

本当にブラックなら辞めたらいいんだろうけど、苦労して就活したのに、すぐに辞めるなんて嫌だよね。でもさ、**それならOB訪問とかもしてみり**

ゃいいんじゃないの?

そりゃ、受けようかなって思った全部の会社にOB訪問できればいいけど、それは無理だし……。それに軽い感じでOBに会って、実質、一次面接扱いされたら、「騙された!」て感じじゃん。だから、ちょっと慎重になるよなぁ。

高橋さんの言っていたように、志望企業を直接見に行くのもアリだとは思うけどね。もうちょっと効率よくできないなぁ……。

就活で友達と協力する!?

お前、相変わらず細かいよなぁ(笑)。

まぁ、でもわかるよ。この前、サークルの奴らで話したら、みんな同じようなことで悩んでたよ。**志望業界は、それぞれ違うんだけど、就活で悩むポイントって結構似ているんだよな。**そんでさ、俺、考えたんだけど、**みんなで就活を協力しない?**

えっ?

SNSのグループとかつくってさ、悩みを気軽に相談し合えるようにするの。そしたら、誰かがイイ知恵くれたり、励まし合ったりできるじゃん。あとさ、**就活は情報戦の面もあるから、**「○○のエントリー始まったよ」とか、「あそこはブラックっぽい」とかも共有できるし。

うちのサークルの幹事長は顔も広いから、アイツも仲間に入れてさ。情報共有してくれたらラッキーだなと思って。案外、良くない？

えぇ……、みんなで就活グループつくるの……？　**俺だけ、内定決まらなかったら、どうすんのよ？**　あと話づらくなったり、仲悪くなったりしたら、やだなぁ……。

えー、そうかなぁ。考えすぎじゃない？

ショウの内定がなかなか決まらなかったとしたら、またみんなで協力すればいいじゃん。内定決まった奴からアドバイスもらったり、秋も採用活動している企業について情報交換したりもできるし。**内定が決まってなくて、ひとりで悩んでいるほうが辛い**んじゃないかな。

うーん。そうかなぁ……。いやー、でもなぁ、**エントリーシートとか見せ合うとしたら、恥ずかしいよ（笑）**

いやいや、別にエントリーシートを見せろってわけじゃないんだよ。情報交換し合ったり、励まし合ったりするの。

あ、でもエントリーシート見せ合うのも、いいね！（笑）。まぁ、それは要望があればやればいいし、友達どうしだから、そのへんは適当に。

そっかぁ。ちょっと考えさせて。

じつは、もう5人くらい集まったから、そろそろ始めようと思ってるところなんだ。ショウも、入りたくなったら、教えて。

 わかった。少しだけ待ってて。決めたら連絡する。じゃあね。また!

 はーい。

サークルの部屋を出て自宅に戻る途中、
友人からの誘いについて翔は考えています。

 サークルの奴らと協力ねぇ……。確かに、みんなでカバーし合えば、心強い面はあるけど、やっぱり俺だけ内定をもらえなかったら、キツいよなぁ……。

 それに、確かサークルの幹事長も人材業界を志望しているんじゃなかったっけ……? そうなると、ライバルだし、勝てる気がしない……!

一緒の会社を受けて、俺はエントリーシートで落ちて幹事長は内定したら、もう立ち直れないかも……。

 グループに入るのはやめようかなぁ……。でも、ブラック企業かどうかとか実際の働き方はどうかとか、みんなで情報交換できたら、ちょっと不安が軽くなりそうだよな。友達だから、遠慮せずに言い合える部分もあるだろうし。

高橋さんとの面談で学んだこともみんなで共有したら、みんなも助かるかも。提供できるネタもあるし……、どうしよう、迷うなぁ。

数日後。2回目の面談の日になりました。
翔は時間よりも少し前に待ち合わせのカフェに到着しています。

 こんにちは、高橋さん。

前回は、企業研究や働き方についてお話しできて、とても助かりました。
考え方が整理できたと思いますし、就職活動をやる気が出てきました。

 それは、よかったです。でも、ちょっと浮かない顔をしていますね?

 はい。少し気になっていることがあって……。

この前サークルの友達に、**就職活動で協力しないか**って誘われたんです。
情報交換のためにSNSのグループをつくるみたいで、それに入るか迷っ
てるんですよね。

 そうでしたか。三崎さんはどこに引っかかっているんですか?

 本音では入りたいと思っています。

就職活動の情報交換をし合ったり、励まし合ったりと、良いことがたくさんあると思います。あと、たとえば、**入ってみたらブラック企業だったらっていうのも不安**なんで、そのあたりも情報交換できるかなぁと。

でも、みんなが内定をもらっている頃に自分だけ内定もらえなかったら恥ずかしいし、やっぱりやめておこうかなとも思うんです。

 なるほど。確かに協力し合ったほうが、皆さんの就職が納得のいく形で決まる可能性が高くなります。

 やっぱり！

 友達と就職活動で協力することのメリットは、主に３つあります。１つ目は、すでに気づいている通り、互いに**情報交換**ができます。これは就職活動を続けていくうえでモチベーションを維持するためにも有益です。

２つ目は、互いに**アドバイス**することができます。就職活動がうまくいっている友達にESの記載内容を見てもらったり、面接の受け答えを一緒に練習したりすることで**互いに改善できる点が見つかるでしょう**。自己分析をいくらやっても、その方向性が間違っていたり、アピールの仕方が間違っていたら、良い結果は得られません。

３つ目は、**他人から見た自分を知る**ことができます。友人とはいっても、自分とは別の人間であり他人です。その他人から、自分がどのようなキャラクターだと認識されているのか、また**初対面だとどのように見えるのか**などを伝え合うことは有益です。

 初対面でどのように見えるのか……ですか？

そうです。面接で初めて会うことになる**面接担当者は、最初に向かい合った瞬間や会話の入り口部分ですでに学生への評価を始めています。**そしてその後のやりとりは、その第一印象を確認するためのものになりやすいのです。

よって自分が他人からどのように見えるのかを知っておくことで、対応策を考えることができますね。

またグループワークや集団面接が行われる際に、自分はどのような役割を果たすのか、あるいは、どのような立ち位置でいくのかを検討できるというメリットもあります。

はい。

一方で、情報に振り回されたり、うまくいっている友達を見て嫉妬してしまい精神的に不安定になってしまうなど、**負の効果も存在します。**その点は、三崎さんも気づいているようですので、注意しましょう。

そうですよね……。

大学に入ってから、ずっと仲良くしてきた奴らだから、就職活動も一緒に頑張りたいよなぁ……。いまから「グループに入りたい」って連絡してもいいですか？

はい、どうぞ。

えーと、タカシは……。あ、これか。

> どうやら無事に連絡できたようです。
> すぐに「お、わかった。入れとく」との返事も届きました。

ブラック企業に入ったらどうするの？

 さて、三崎さんは「就職した先がブラック企業だったらどうするのか？」ということをとても気にしているようですね？

 はい。でもこれも友達と企業の情報を交換し合ったら、事前にいろいろわかるし、大丈夫そうですよね。

僕が入っているサークルの幹事長も情報交換の仲間に入るみたいなんですが、こいつがとてもいろいろなことに詳しくて。だから大丈夫かなと。

 いいえ。残念ながら、**友達との情報交換で「ブラック企業か否か？」はわからない**と思いますよ。

 え⁉ なんでですか？

 友人との情報交換により、できることはたくさんあります。たとえば、効率のよい企業研究の方法や、OB訪問の内容共有などもいいかもしれませんね。

しかし、「ブラック企業か否か？」については、友達との情報交換だけでは明確には判断できません。なぜなら、給料の未払いや休日なしといった**明らかな法律違反を行う企業は別**として、**ブラック企業かどうかを決める**

のは三崎さん自身という面があるからです。

ちなみに法令違反については、たとえば厚生労働省から「労働基準関係法令違反に係る公表事案」が定期的に公表されています。このリストを見る際には、企業名を確認することよりも、どのような事案が起こりうるのかを見ておくとよいでしょう。

 はい、でもブラック企業かどうかを僕が決めるというのがよくわからないのですが。

 たとえば、ふつうの家庭に生まれた若者が起業して、一代で大きな会社を作り上げたといった体験談や伝記を読んだことはありませんか？

たいてい、そういった人が会社を起こす際の逸話として、**非常に激務だけれど高給の仕事、たとえばトラックのドライバーとして働くことで起業資金を貯めた**とか、**スキルを身につけるためにあえて長時間働いた**といった話が出てきませんか？

もちろん現代は、起業のためにクラウドファンディングを活用するといったような方法もあります。しかし、それはまだまだ一般的ではないでしょう。

 はい。僕は、人材会社Bの創業者の本も読みましたが、確かに若い頃は、ものすごい働いていました。

 そうなんです。でも、下積み時代のその創業者に「そんなに働かせられて大丈夫ですか？　その企業はブラックですよ」と伝えたとしても、辞めないと思うのですが、いかがでしょうか？

 むしろ、将来の目標に向かって働いているのだから、「もっと働かせてくれ」「邪魔しないでくれ」と言われるかもしれませんね。

 つまり、働き方の話と同じく、**「ブラック企業か否か？」を決めるのは自分の目標や自分の軸次第**という面があるということです。ただし、くどいようですが、これはあくまで健康被害を起こすような働き方はしないことが大前提です。

働き方に関する満足度は、仕事内容や労働時間、そしてそれに見合う賃金や経験が得られるのかなど、複数の要素を総合的に判断して決まることになります。

そして人間関係に関わることも重要です。一緒に働く人が協力的か否かなど、**職場の雰囲気も大事**ですよね。

 はい。

 新入社員の三崎さんが、非効率的な仕事のやり方をしているのに誰も助けてくれない、教育してくれないという状況は困りますよね？

 それなんです！　じつはそこを一番心配しています。

僕の目指している人材業界って、働きやすい制度自体は整っているみたいなんですが、すごく個人主義で成果主義な感じがするんですよね。僕は、もちろん成果は大事ですけど、一緒に働く人々と楽しく仕事していくことも大事だなと思っていて。

 三崎さん。前回、企業研究は「自分が幸せに働くためにする」ものだとい

う話をしましたよね。

会社説明会や選考が進んでいくと、会社側は「この人と一緒に働きたいか？」という目線で学生を評価していくわけですけど、一方で**学生の側も「この会社で働きたいか？」ということを見極めていくことが必要になります。**

そのためには**自分が会社で働くうえで大切にしていることを明確にしておく**とよいでしょう。ちょっと書き出してみませんか？

 はい。わかりました。そうだなぁ。大切にしていること……、たとえば、

- 多様性があること
  （性別、子育て中か、独身かなどに関係なく、働きやすい
- 上司と部下、また同僚の関係が良いこと
- 部下の教育がしっかりしていること
- みんながチームであるという意識があること

こんな感じですかね。

 わかりました。三崎さんが働くうえで、「働く仲間との関係が良い」ということはとても重要な要素なのですね。

さて、**人間関係を重視する場合**、全体的な雰囲気、これを社風などとも言いますね、それだけではなく、**働く企業の規模も満足度に影響を与えるこ**

とになります。人と人との関係は、やはり相性がありますから。

はい。

たとえば、複数の部署や事務所があって、社員が100人以上いるような企業であれば、配属された部署の人間関係が合わなかった場合にも**配置転換や上司が入れ替わることが定期的に発生**します。苦手な人と一緒に働くことになっても、「長くてもあと1年間！」などと終わりが見えていれば、案外我慢できるものです。

一方で、50人以下など小規模な企業の場合には、人間関係は固定化されています。つまり、ずっと同じ人たちと仕事をしなければならない。このような場合には、やはりその会社の人や雰囲気が自分の価値観に合うかということを**より慎重に見極めなければいけません。**

そうですね。

ただし非常に相性が良い会社を見つけることができれば、小規模な企業のほうが慣れ親しんだ同じメンバーで働けることから働きやすい環境だといえるでしょう。

はい、よく考えてみます！

第3話はここまでです。翔くんと高橋さんの対談を通じて、皆さんは何を学びましたか？　重要なポイントをまとめておきましょう。

- 時間軸を意識して働き方の希望を考えておきましょう。
- 働き方に関するトレードオフの関係を理解しましょう。

- 就職活動で、友人と協力することのメリットについて考えてみましょう。
- ある企業が「ブラック企業か否か」は、自分の目標や自分の軸次第という面もあります。

就活研究室

働き方とトレードオフ

 こんにちは。高橋さん。今回は、三崎さんの相談に乗っていただきました。これから就職活動も本番ということで、本人もいろいろと準備しているようです。いかがでしたか?

 こんにちは。三崎さん、いろいろと心配なことも多いようですね。特に、働き方については、こだわりがあるようです。

これは、何も三崎さんに限ったことではなく、たとえば「2020年卒マイナビ大学生就職意識調査※」などを見ても、**学生が就職する際に重視する要素として「働き方」に関する項目が伸びています。**

この「働き方」とは、単に休日が多いとか制度として育児休暇が充実しているといったことだけではありません。休暇の取りやすい雰囲気、在宅勤務の選択ができる、育児と仕事の両立に理解がある職場というように、**生活と仕事の調和(ワークライフバランス)をとるための実態が伴っている**

 ※2020年卒マイナビ大学生就職意識調査
https://www.mynavi.jp/news/2019/04/post_19872.html

ことが重視されているようですね。

 はい。最近の傾向ですね。これは新型コロナの問題が発生するまでは、学生の視点からは、かなりの売り手市場であったことも影響していると思われます。

さて、今回も就活について質問形式で一緒に考えていきたいと思います。よろしくお願いします。

> 問9：仕事を選ぶ際に、ワークライフバランスについてどのように考えればよいのでしょうか。

 最初はワークライフバランスについてです。高橋さんは学生からワークライフバランスについての質問を受けたらどのように回答しますか？

 私は三崎さんに、まず、**働き方に関してはいいところ取りはできません**ということを説明しました。

たとえば、賃金などの処遇がよく雇用も安定している大企業で働く際に

は、働き方の自由度が低いというマイナスの面も受け入れなければなりません。仕事内容を変える配置転換や引っ越しを伴う勤務地の変更である転勤が避けられないことが多いからです。

これに対して中小企業で働く場合には、そもそも事業所が1つしかなく転勤の可能性がないといった点でメリットが存在します。まず左側の図を見てください。処遇と自由度の面で、図の右上にいくほど労働者にとっては満足度が高いわけですが、選択肢となるのは左上か右下かというものになるのが一般的です。

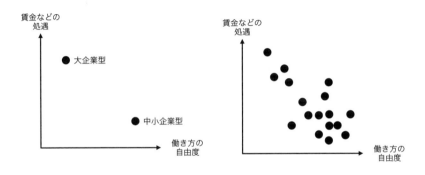

トレードオフの関係

 そうですね。これを経済学では「**トレードオフ**」と言います。そして労働条件は個別の要素を見てすべてでベストを求めるのではなく、全体をパッケージとして捉えて、相対的により良いものを選んでいく必要があります。

 そのうえで、右側の図のように、個々の企業における働き方を比較する

と、大企業どうしや中小企業どうしでも条件の差が見つかるわけです。そして自分にとってできるだけ良い会社を選び、結果的に満点とは言えないまでも、ある程度は納得して働くことになります。

働き出して数年経って、自分の能力や同僚との間での優劣がわかる、また外からは見えにくかった働き方の実態を知ることで、納得度が高まってくるといった傾向もありますね。

相性の善し悪しや納得感というのが最初からわかっていれば楽ですが、そううまくはいかないということですね。

学生の皆さんは、**働き方に関する自分の好みや考え方自体が、実際に働き出してみないと明らかにはならない**ことを理解する必要があります。

たとえば、学生のうちは「自分は寝る時間以外は仕事に打ち込んで、同期で一番になるぞ」と思っていたのに、入ってみたら優秀な同期に圧倒されてしまい、**プライベートの充実も考えるようになる**とか。また反対に、「自分は趣味の音楽活動を続けたいので、仕事は程々にしよう」と思っていた人が、**やってみたら仕事がとても楽しくて仕事中心の生活を選択する**などというケースは少なくありません。

確かに。やってみたら面白かったというケースはありそうです。

また入社して時間が経ってから、たとえば結婚する、子どもが生まれるなどのライフイベントを経験して、生活と仕事の調和を考え始めることもあるはずです。このように**働き方に関する希望は変わるということを理解しておくことは重要**です。

したがって、最初に描いた**未来予想図を固定しすぎないで、柔軟に対応していく**ことが、これからの変化が激しい時代には必要なことだといえるでしょう。

次に、働き方というのは、そもそも自分ひとりでは決められない問題にもなっていきます。どのような相手と結婚するのか、またどのタイミングで何人の子どもを育てるのかなどで、選択肢の範囲も変わります。これは、以前は女性が直面することが多かった課題ですが、いまは男女双方のキャリア選択に影響を与えます。

 はい。家族として希望をよく話し合って、役割分担などを考える必要がありますね。

 その通りです。

 なお、この**トレードオフの概念とその把握の難しさは、さまざまな場面で問題**となります。

たとえば、上司が部下に仕事を割り振ることを考えてみましょう。「うちの課の中ではＡさんが一番仕事が早くて信頼できる」と考えて、現時点で能力が高い部下にのみ重要な仕事を割り振るといった決め方をすると、これから伸びるかもしれない**その他の社員から経験を積む機会を奪ってしまう**ことになります。

またよくあるのは、**自分でやったほうが早いと考えて人に仕事を任せない**ことで、結果として**チームが育たない**というケースですね。

 仕事を早く確実に終えることと部下を育てることには、トレードオフの関

係があるということですね。

さて、ここまでワークライフバランスについて考えましたが、今後も「働き方」は変わっていきます。たとえば、新型コロナウイルス感染症や災害といったような予想もしなかった出来事が起こるとき、この場合も「働き方」を変えたくなくても変えなくてはいけません。

そこで私から次の質問です。

> 問10：最近の変化として、在宅勤務などのリモートワーク（または
> テレワーク）に注目が集まっています。一方で、リモートワークを中
> 止して、原則として全員に出社を求める企業もあるようです。オンラ
> インで働くことについて、どのように考えればよいのでしょうか？

はい。新型コロナウイルス感染症の影響で、2020年の春頃から多くの企業で**在宅勤務が導入**されました。これから10年程度の時間をかけて少しずつ変わっていくだろうと考えていた**働き方の変化が、かなり前倒しされた**と感じています。

以前から、たとえば育児や介護などを理由として労働者が離職してしまうことを避けるために、必要に応じてリモートワークを導入している企業はありました。しかし今回のコロナ禍では、希望していない企業や労働者も**仕方なくリモートワークに直面した**という点に大きな違いがあります。

大学の講義なども大変だったのでは？

はい。大学でも、講義やゼミをオンラインで実施することが求められました。慣れない環境下で、多くの大学教員がなんとか教育環境を維持しよう

と努力したと思います。

一方で、企業でのリモートワークについても「やってみたら案外よかった」という声も多く耳にします。たとえば、会議などの時間が短縮され、移動時間も不要になった点を評価する意見がありますし、さまざまなツールを駆使して効率的に会議を運営できるようになったという評価もあります。

大学でも、大教室で実施していたような講義については、オンデマンド方式の動画で教材が提供されたことで、結果的に学生の達成度が例年よりも高かったことなどが報告されています。

これは、教員の解説を何度でも見返すことができること、またオンラインのほうが自由に質問できると感じる学生がいることなど、多面的な理由によるものだと考えられます。詳細な分析はこれからだと思いますが。

 在宅勤務などが容易になったという意味では、**選択可能な「働き方」が増えてきた**という見方もできますね。

 はい。人口減少による人手不足に直面している日本では、これまでも高齢者や女性の活躍支援、また外国人労働者に働いてもらう場を増やすことなどが**働き方改革の一環として進められてきました。**

毎日通勤してフルタイムで働くのは難しくても、オンラインであれば働くことができるといったケースもあることから、新型コロナウイルス感染症が終息しても、この流れは止めるべきではないでしょう。実際プラスの面も大きいと思いますし、**効果的な施策は残したほうがよいはず**です。

しかし一部の例外を除いて、原則として出社方式に戻す企業もあります。

外部性を理解する

 はい。ここでカギになるのが**「外部性」という考え方**です。

学生にもわかりやすいように、大学での対面式講義とオンラインの場合とで考えてみましょう。たとえば、私の授業を受ける学生の大半がオンラインの授業を希望していたとします。しかし、一部の学生は対面式を希望しています。

このとき完全オンライン、完全対面、そして混合方式などが選べるわけですが、**それぞれの選択をした場合にどのような面で失われるものがあるのかを考えることが重要**です。

 はい。みんなが教室に来ていれば、学生どうしで相談することやグループワークなども容易になりますね。一方でみんながオンラインであれば、それに合った講義の進め方ができそうです。

 その通りです。しかし、混合方式の場合にはオンラインの学生と対面の学生で協力して作業をするのが難しいわけです。したがって、学生の選択は制限されてしまいますが、全体の利益を考えて、オンラインまたは対面のどちらかに決めてしまう必要があるかもしれません。

ここで1人だけみんなと違う方式を求めると、全体としてのパフォーマンスに悪影響を与えることになります。そこで対面式を全員に求めることも

必要になるのですね。

そうはいっても、全員がリモートワークを続けるという選択肢ももちろんあります。しかし職場で働くことには、より能力やスキルレベルが高い同僚と一緒に働くことで**仕事を見て覚えるという効果や、部下や同僚の現状を把握しやすいといったメリットがあります。**そのために**個人の能力が問われる専門職などでは、対面に戻すことのメリットが大きい**と考えられます。

 はい。すでに会社で一緒に働いてきた間柄であれば、オンラインでも意思疎通が図れて仕事ができます。しかし、新入社員のようにまだ仕事を覚えていない場合や中途社員でチームの人々の人となりがわかっていない場合は、**オンラインでの仕事は非常にやりにくい状況**になりますね。このような場合には、対面での仕事を求めることが会社としては望ましいことになるでしょう。

また、取引先との関係でも、既存の顧客との関係は維持できても、新規開拓は難しいといった問題もあります。

 そうですね。また上司としては、部下を直接的に見ながら仕事を進められ

るという点も当然ながら重要です。個人個人の成果を把握しやすい仕事ではない場合、上司や同僚の目がないと真面目に仕事をすることができないといったことはリモートワークの大きな課題です。

だからといって、カメラを常にオンにしておいて、離席する際には必ず上司にメッセージを送るなんていう働き方では、リモートの良さを活かしていないことになるので難しいですね。

 私たちの働き方を考えるうえで、**一人ひとりの希望をかなえることが重要だと思われがち**ですが、**個人の選択が他人に与える影響についても考える必要がある**という点は面白いですね。

 はい。それを経済学では**「外部性」**といいます。

就職先の企業を考える際も、自分の希望する働き方を実現できる環境であるかどうかのみを重視するのではなく、**自分自身もみんなが働きやすい環境にしていこうというマインドを持っていること**も重要です。

たとえば、一緒に働くチームの誰かが育児を優先しなくてはいけない状況がきたら、自分がその分の仕事を受け持つといった助け合いも必要ですしね。

それでは次の質問にいきましょう。

> 問11：就職活動において友人と協力することの意義について、どのように考えればよいでしょうか？

 はい。三崎さんもサークルの友達のSNSグループに入るかどうかで迷っ

ていました。確かに親しい友人どうしだからこそ、エントリーシートの自己PRや志望動機を見せ合うというのは恥ずかしいことかもしれません。

しかし、情報交換だけでなく、**友人から自分がどのように見えているのかを教えてもらう**なども含めて、就職活動に役立つことはたくさんあります。

友人どうしで助け合う

まず、なぜ「恥ずかしい」と感じるのかについてですが、いくつか理由が考えられます。すぐに思いつくのは、

- サークルやゼミでの活動内容や自分の役割について、実際よりも少し大袈裟に書いているから
- サークルの仲間には見せていないゼミでの姿やアルバイトでの自分を知られることが恥ずかしいから

などでしょうか。

まず前者については、大袈裟に書いていて恥ずかしいと思うなら、それをやめてしまえばいいわけです。まずは素の自分について書いてみて、それで「何か説得力に欠けるな」と感じたら、**最初にやるべきは話を膨らませることではなく、いまからでもできることはないかを考えること**でしょう。

時間的に余裕があれば、それが正攻法だということはわかります。

次に、ほかのところでの自分を知られるのが恥ずかしいという点については、確かに**人間は環境によってさまざまな自分を見せている**ところがあります。私も、大学では教員としての姿があり、また家では幼い子どもの父親としての顔を持っています。そのどれもが自分なわけですが、やはり意識的かどうかは別として使い分けているわけです。

誰でもそのような複数の顔を持っているのは当然であることを理解しておくとよいでしょう。

 それでも恥ずかしいという気持ちは残りますよね。しかし、情報交換だけでなく、エントリーシートを見せたり面接の練習相手になってもらったりすることは、多くの場合、それを超えるメリットがあるわけです。

 そうですね。どのような企業に対してどのようなアピールをしているのかを見せ合い、その理由を互いに説明してみると、参考になることが多いでしょう。

そして**互いに協力するという観点からは、やはり友人であることが重要**になります。たとえば就職活動イベントでたまたま隣に座った人というのでは不十分なのです。

 それは面白いですね。次の質問はこれにしましょう。

問12：就職活動で学生どうしが助け合うとしたら、互いをよく知っている友人どうしでないとダメなのですか？

 お互いのことをよく知っているということにも意味はありますが、**助け合うという関係は、1回限りのやりとりではなかなか成立しない**ことのほう

が、より重要です。

いま、たまたま就活イベントで隣どうしになったAさんとBさんが、相手に対して情報提供をしたりアドバイスしたりする状況を考えてみましょう。教えてもらうことのメリットを10として、相手に教えることの手間を4といったように数字の大きさで表すことにします。このとき相手には教えてもらって、自分は教えないほうが楽だし、得するわけです。

この関係を、2人が同時に行動を選択すると想定して、表にまとめると次のようになります。これはゲーム理論で有名な**囚人のジレンマ**の状況になっていますね。

A＼B	まじめに教える	手を抜く
まじめに教える	6, 6	-4, 10
手を抜く	10, -4	0, 0

 はい。この表の見方は、お互い教え合うと、10のメリットから4の費用を引いた6だけの満足度をAとBの双方が受け取ることができます。しかし、お互いに教えないと何も得られず0と0の満足度になります。

そして相手に教えてもらって自分は手抜きをすると、自分は10のメリットだけを受け取ることができるのに対して、相手は4の費用だけを支払うことになってしまい、－4の満足度になっています。

 その通りです。

そしてＡとＢの２人がこの状況を理解していると、相手が「まじめに教える」を選ぶときでも「手を抜く」を選ぶときでも、自分にとっては常に「手を抜く」ほうが満足度が高いことから、双方が手を抜く状況が実現することになります。このように人々が行動を変えない状況のことをゲーム理論では**「ナッシュ均衡」**と言います。

均衡というのは、何かと何かの間で釣り合いがとれていることを意味していて、ここではＡとＢがとる戦略どうしが釣り合っている状況を意味しています。天秤の左右に同じ重さの物を置くと、ピタッと止まって動かない。このように**釣り合っていて、そこから動かない状況のこと**を均衡と言っているわけですね。

また「ナッシュ」とは、このような戦略的状況においてどのような戦略をとっているときに均衡するのかを考えた数学者、ジョン・ナッシュの名前から来ています。この人は、2001 年に製作されたアカデミー賞受賞作品「ビューティフル・マインド」の主人公として取り上げられています。いまの大学生にとっては生まれた頃の映画になってしまいますが（笑）。

そして２人にとって**利益が大きいのは、お互いに教え合って、それぞれが６の満足度を得ることができる状況**であるのに対して、**それぞれが合理的に行動することによって、どちらも０しか受け取ることができない**という点がジレンマなわけですね。

はい。また、２人が教えるか手を抜くかを同時に決めるという設定が不自然だと感じるのであれば、**行動を順番に決めてもよい**わけです。

たとえば、Ａが先に教えるかどうかを決めて、それを受けてＢが自分の行動を決めるという状況を考えたとしても、ＢはＡが教えてくれたか手をぬ

いたかに関係なく自分は教えないことが最適な戦略になります。そうすると A も教えないのが最適です。

これは下の図のように整理することができます。このような表現をゲームの展開形と言いますが、詳しくはゲーム理論の教科書などを見ていただきたいと思います。

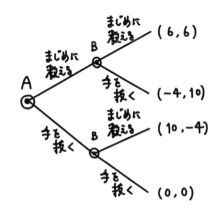

友人どうしであることの重要性

 ここまでは、イベントでたまたま隣に座った 2 人の間では協力関係が成立しにくいという話でしたが、ここから**友人であることの重要性がわかる**わけですね。

 はい。

1 回限りの関係では協力ができなくても、この 2 人の間で今後も長期的な

関係が維持される可能性が十分に高い場合には、協調行動が実現可能になります。**これを「繰り返しゲーム」と言って、私的利益を追求する人々の間でも協力関係が発生すること**をうまく説明する経済理論です。

 まず、最初は協力するが、一度でもどちらかが裏切ったら、もう二度と協力はしないという戦略を考えたときに、**目先の裏切り利益よりも今後の損失が大きければ協力したほうが得**になります。

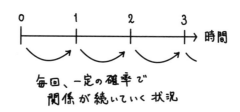

 相手を出し抜くという発想ではなく、協力したほうが互いに得になるということもゲーム理論で説明できるのですね。

友人のことを信頼できるかといったときに、**これまでの人間関係ではなく、これからどのような関係が維持されるのかが重要**だというのが面白いと感じました。

 ゲーム理論の考え方は、これだけでなく、さまざまな場面で活用できます。たとえば、企業と労働者の長期的関係を説明する際にも使えます。

それでは今日はここまでにしましょう。

 ありがとうございました。

【安藤先生の就活ひとことメモ】

ワークライフバランスは、働く上でとても重要な課題です。
両立させるのが難しいことから、私も常にそのバランスを
考え続けています。
100点満点を目指すのではなく、少しずつ改善していきましょう。

就職活動、始まりました。

第4話では、翔が採用面接の準備に取り組みます。どのような準備がなぜ必要なのか、就活における具体的な活動方法について、一緒に考えていきましょう。

今日は久しぶりに設定された高橋さんとの面談日です。
翔は前日から質問事項を準備してきたようです。

 こんにちは。高橋さん。だんだんと会社説明会も増えてきて、就職活動が
本格的に始まりました。エントリーシート（ES）も何社か出しました。

高橋さんと話したことで、自分の希望する働き方を実現できるのは、名の
知れた大手企業ばかりではないことに気づいて、中小企業にもエントリー
する予定です。

先日、**大学のキャリアセンターへ行って卒業生が働いている企業を調べた**
ら、結構いろんなところに先輩がいることがわかって、ちょっとやる気が
出ました。あと、これまで知らなかった会社がこんなにもたくさんあるの
を知ることができました。

 そうですか。学業と就職活動を両立させる必要がありますし、体力的にも
精神的にも大変ですから、友達とも協力しながら乗り切ってください。

 はい。友人たちとは、さっそく、自分の自己PRや志望動機を確認し合い
ました。その中でも、サークルの幹事長をやっている友達は同じ人材業界
を目指しているので、正直とても参考になりました。

 それはよかったですね。

 最初は、友達とはいえ、ライバルと自己PRや志望動機を見せ合うなんて
ありえないと思っていました。でも志望動機はともかく**自己PRは、結
局、自分がいままで頑張ってきたことをわかりやすく相手に伝えるという
こと**ですから、友達からいろんな指摘をもらって文章もわかりやすくなり

ましたし、メリットしかありませんでした。

自分のだけダメな自己PRだったらどうしようとか、反対に自分のを真似されたら嫌だなとか思いましたけど、そもそも同じ経験をしていないほかの人の自己PRを真似することなんてできないんですね。

 具体的には、どんなところが参考になったのでしょうか？

エントリーシートはわかりやすく具体的に

 えっと、そうですね。大きかったのは、**奇を衒わないでいい**というところでしょうか（笑）。

僕は、自己PRに書く自分の強みは、誰もが「ええっ？　それってどういうこと？」と思うような書き方をしたほうが面白いかと思って、自分にキャッチコピーをつけていたんです。具体的には**「僕の強みは、ご飯のような存在であることです」**って書いていました。

これは、どんなおかずがきても合わせられるご飯にたとえて、縁の下の力持ちのような存在であると伝えたかったのです。なんならラーメンとだってご飯は一緒に食べられます。

しかし、友達からは「だったら、縁の下の力持ちとストレートに言ったほうがいい。ご飯の説明に時間がとられてもったいない。そのあとのエピソードをショウにしかできない具体的なものにして個性を出したほうがいい」って言われたんです。

そうでしたか。それでは具体的なエピソードは書けましたか？

 それは、学園祭の話にしました。そもそも一緒に就活をやってる仲間は、サークルが同じだけでなく、学園祭の実行委員も一緒にやっていたんです。その実行委員という仕事は、企画、予算、企業からの協賛を得るための渉外、タイムスケジュールなどなど、本当にいろいろな経験をするんですよ。

僕は会計担当をやっていて、全体の予算把握から始まって協賛企業や大学からの予算管理、新規企業への協賛依頼をどこまで達成できるかなんていう予測もしていました。お金の管理だけじゃなくて、企画担当や各サークル、各ゼミのゼミ長との折衝なんかもです。これが大学時代に**一番大変だったけどうまくいった経験**なので、自己PRで説明することにしました。

 なるほど。会計担当として、みんなの縁の下の力持ちとして活躍したわけですね。

 はい。それで、いまお話ししたようなことを、自己PRに書いていたんですが、友達から「もっと具体的に書けよ」って言われて。

「ショウが予算を詳細に立てて全体をわかりやすくしてくれたことで、みんなの士気が上がって、あのときは新規の協賛が前年比で20％くらいアップしたよね？　あと支出の見直しをして前年よりも30％くらい予算を削減したから、新規の企画ができたよね？　あと、各サークル、各ゼミの予算配分もみんなに納得してもらうためのプレゼン資料をつくって、ずいぶん苦労していたよね？　なんでそれを書かないの？」と言われたんです。

それを聞いて、あーそうだったなぁと詳細を思い出したんです。**僕のやったことを数字や具体的な手法も合わせて書いたほうがいい**と友達が指摘してくれたのは、確かにその通りだと思いました。僕が最初に書いていたのは、キャッチーにすることに夢中で、抽象的な書き方になっていましたから。

それは良いアドバイスですね。その友人の言う通り、自己PRのエピソードは、具体的であることが必要ですし、数字が入っていることで把握しやすくなります。

三崎さんが課題にぶつかったときに、何を考えて、どんな行動をして、どんな失敗や成功をしたのか。もちろん成功していればいいですが、仮に失敗していたとしても、そこから何を学んだのかを言えることが大切です。

ほかに友人からはどんな指摘がありましたか？

はい。友達と話して、気づいたところを書き出したメモがあります。えーと……。

翔は自分のタブレット型端末を開いて、メモを探しています。

ありました。これです。どうでしょうか？

自己PRのチェックシート（メモ）

- 「私の強みは、○○です。」の○○はわかりにくくないか。○○は、誰にでもわかる言葉で大丈夫。○○でうまいこと言おうと頑張らずに、そのあとの具体的なエピソードをしっかり練ろう。また、○○

と具体的エピソードが論理的につながっているかをよく確認しよう。

- 具体的なエピソードで面接官が聞きたいのは、経験した自分にしかわからない苦労や困難の克服方法である。具体的エピソードを聞くことによって、その人の行動力や思考の方向性がわかるから。つまり、具体的エピソードが単なる出来事ではなく、自分ゴトになっているかを確認しよう。

- ◯◯の部分が「コミュニケーション能力」のような曖昧な言葉になっていないか。あと、コミュニケーションがその面接の場でうまくいってなかったら、さらに印象は悪くなる……。

- ◯◯の部分が「語学力」のようなスキルになっていないか。スキルを強みとする場合には、相当な特殊能力になっていないと認められなくなるので、気をつけよう。

- 自分の強みを自信を持って話せるか。多少でも誇張したところや嘘が入っていると、採用試験が進んでいくうちにつじつまが合わなくなることがあるし、自分自身の挙動にも表れることになるから気をつけよう。

わかりやすいですね。友人どうしで情報交換をすることが、とてもプラスになっていますね。

はい。誘われたときは迷っていたんですけど、協力することにしてよかったです。

僕は、こだわりも強いし、これでいいと思ったら突っ走るクセがあるんですけど、一旦立ち止まって、友達や高橋さんに確認できるというやり方で就職活動を進めていくのが向いているなと思いました。

高橋さん、これからもよろしくお願いします。

 はい。わかりました。これから、就職活動も本番ですから、随時、疑問に思うところは話していきましょう。

 それでは、さっそくいいですか？

自己PRは複数必要なのか？

 じつは、先ほど僕の自己PRは学園祭の実行委員の話だとお話ししたと思うのですが、この自己PRのことなんです。

ズバリ聞きたいんですけど、**自己PRって１つで足りますか？** 武器を１つしか持ってないようで、ちょっと不安なんですけど……。

 なるほど。自己PRが１つで足りるのかというお話ですね。ズバリ言うと、足りません。

三崎さんの自己PRやその根拠となるエピソードが、日本中の誰もが知っているような実績ではない場合は、自己PRは複数用意しておきたいところです。

その理由は、面接担当者に自己PRを１つ言ったあとに「ほかにないの？」と言われたときに焦らないためです。そして、自己PRを考える際に心がけていただきたいのは、**バランスと整合性**です。

やっぱり２つは必要ですか……。で、バランスと整合性ってどういう意味ですか？

 そもそも自己PRとは、自分はこのような人間だから仕事で活躍できるということを相手に伝えて納得してもらうためのものです。その際に、たとえば、自分は粘り強く１つのことを続けられるという点と、仲間と協力して課題解決に取り組めるといった点を伝えようとしているとしましょう。

これらのPRポイントを信頼性のあるものにするためには根拠となるエピソードが必要なわけですが、**どちらも同じ出来事に基づくものだと効果が弱くなる可能性**があります。これがバランスです。

たとえば、２つともアルバイトでの経験をエピソードとして伝えたら、面接担当者はどのように考えるでしょうか。

 そうですね。「この学生はアルバイトの話ばかりしているな」と考えるかもしれませんね。

 その通りです。面接担当者が学生の本分は勉強だと思っている人だったとすると、アルバイト経験だけを売りにしているとそれだけで印象が悪くなります。「大学ではどのような勉強をしていたのか」「ゼミではどんな活動をしていたのか」など、面接担当者が気になった点を質問してくれる場合にはラッキーです。しかし、そのように質問してくれるとも限りません。

そこで、アルバイトのエピソードを１つ入れたら、ゼミでの研究内容、体育会での活動など、**別の分野のエピソードも入れておいたほうがバランスがとれて印象がよい**でしょう。

反対に、勉強だけ頑張りましたというのも、面接担当者によっては評価されないこともありえます。要は、**いろいろな経験をしていることをアピールするとよい**ということですね。

わかりました。

次に整合性とは、**自己PRを含んだ受け答えが全体としてつじつまが合っている必要がある**ということです。たとえば、自分は粘り強く努力する人間だと言ってアルバイトでの体験談を話したあとに、大学での成績について聞かれたとします。そこで、成績も悪く単位も卒業できるギリギリというのでは整合性がありませんね。面接担当者からしたら、「本当のことを話しているのだろうか？」と疑問に思ってしまいます。

なるほど。でも、僕は、確かに学園祭の実行委員は結構頑張ったし、会計のリーダーとしてやった経験だから自信を持って話せますけど、ゼミやサークルでは特に役職とかはやっていません。それなりに頑張ってはいましたけど……。

これで「リーダーシップがあります」と言っても信じてもらえないでしょうか？

いいえ。そんなことはありません。必ずしもすべての所属先で代表を務めている必要はないのです。そもそも必要なのはリーダーシップがあることであり、役職の有無というのは補強材料にすぎないからです。

具体例で考えましょう。三崎さんが採用する側で、学生から「部員が5名のサークルの代表だったので、リーダーシップに自信があります」と言われたらどう思いますか？

うーん。5名ですかぁ。難しいですね。

確かに5名でも人をまとめるのは大変だから、リーダーシップがあるとも言えるし、たった5名とも言えるし……。

 そうですよね。では、これが、部員が100人を超えるサークルだったらどうでしょうか?

 それは、もうその代表は、きっとリーダーシップがありますよね!　100人だと、ふつうの企業よりも人数が多いかもしれません。

 はい。つまり、**バイトのリーダーだったとかサークルの代表をしていたという役割のみを根拠としても伝わらない**のです。こう言っておけば面接担当者は「この学生にはリーダーシップがある」と思うだろうとか、「協調性がある」と思うはずと勝手に期待することはできません。

必ずしも名目がリーダーでなくてもいいから、あなたが経験した出来事から、あなたがどう考えて行動したのか、周りとどのように協力して問題を解決したのかといった事実を伝えることが必要です。

そしてそこから、入社したら、責任感を持って仕事をやってくれそうか、面白いアイデアを出してくれそうか、仲間のモチベーションを上げてチームで仕事をしてくれそうかなどといった点で**高い評価を得られるかが重要なポイント**です。

 確かにそうですねぇ。面接という短い時間ですけど、面接の相手に自分の良いところを伝えられたら、結果として採用につながりそうです。

面接が進んでいくと、**いろいろな角度から人柄を確認しようという質問がとんできます。** そのようなときに、自分が大切にしている軸となる部分を忘れずに、具体的な経験や根拠を伝えることができるように準備してみてください。

わかりました。わかりやすい形でのリーダーをやっていないことが、ちょっとコンプレックスだったんですが、頑張れそうな気がします。

ありがとうございました。

> 1週間ほど経過しました。ＥＳを一通り出し終わり、
> 面接試験も始まりました。今日は時間に余裕がある翔は、
> 大学に行き、サークルの部屋に向かいました。
> でも、なんだか不安そうです。

はぁー、失敗しちゃったよ……。

ショウ、どした？

いやー、昨日、初めての面接だったんだよ。1次面接の集団面接で、人数もいるから「1分程度で自己PRを」と言われたのに、僕だけ3分間くらい話してしまって……。

面接官が「長いなぁ」という顔はしていたのは気づいていたんだけど、ここまできたら全部話し切らないと伝わらないと思って、最後まで話しちゃってさぁ。特に注意されたわけではないけど、話のまとまらない奴だなぁと思われただろうな……。

面接でうまく話せなかった！　対策は？

 そうか。大変だな。まだ始まったばかりだから、落ち込むなよ。

 あー、最初からうまくいくとは思ってないし、落ち込んでないよ。でも反省しないとな。自己PRは、内容には自信があるんだ。いろんな人に聞いてもらったし。でも実際に話してみると、緊張もするし、結局想定よりも長くなっちゃうんだよなぁ。

 なるほどね。まぁ、徐々に慣れていくと思うよ。ところで、自己PRや志望動機は、**1分、2分、3分バージョンとかちゃんとつくってる？　**あと、**録音して繰り返し聞いたり、動画で撮るとかやってる？**

 えっ、みんなそんなことやってるの？　話そうと決めた内容を紙に書いて、当日に持っていくくらいで大丈夫だと思ってた。

 そうなんだ。やったほうがいいと思うよ。てか、たぶん、みんなやってるはず。

1分でとか手短にと言われた場合は、やっぱり1分で話せたほうがいいし。声に出して練習すれば、1分はだいたいこれくらいだなとかわかって、ほかにも応用できるし。

 みんなそんなことやってるの……。でも、録音して聞き直すまでする？

 うーん。まぁ、慣れてきたらいいけどね。でも、録音して聞き直すと、結

構自分のクセがわかるよ。

俺は早口なのと、だいたい出だしに「えっと」ってつけちゃう癖があるってことがわかったから意識して直すようにしてる。「えっと」って言うと、ちょっと子どもっぽいかなと思って。動画を撮るのも何回かやってみたけど、姿勢が悪いとか、体が揺れてるとか気になるポイントが見つかるよ（笑）。

 ふーん。そこまでやったほうがいいのかな……。

 あと俺は、筆記試験対策もけっこう頑張っているよ。筆記ができないと面接には進めないからね。

 そうか……。

> 次の日は、予約していた面談の日です。
> 翔は、今日もいつものカフェに向かいました。
> 果たして彼の疑問は解決するのでしょうか。

 こんにちは。

 こんにちは。ちょっと、ご相談したいことがありまして……。

自己PRの１分、２分、３分バージョンをつくりたいのですが、どうやっても１分にはまとまりません。あと、面接の練習ってどうやればいいのかと思って。

 わかりました。何かありましたか？

はい。先日、初めての面接だったのですが、「1分間で自己PRをしてください」と言われたのに、3分も話してしまったんです。それを引きずってしまい、そのあともうまく話せなかったので、たぶん落ちていると思うんですが……。

次は、同じ失敗をしたくないなと思って、短いバージョンをつくっておこうかなと。

 なるほど。面接、お疲れさまでした。**自己PRの短いものをつくりたい**わけですね。それではいくつか質問してもいいですか?

 はい。なんでしょうか?

 自己PRや志望動機について、今回のように「1分程度で話してください」と言われることがこれからもあると思います。ところで面接担当者は、**どうしてそんな時間制限をつけるのでしょうか?**

その人のことをたくさん知りたいと思えば、長く話してもらったっていいわけですよね? 長く話してもらったほうが、目の前の学生のことがよくわかると思いませんか?

 うーん。集団面接で時間が限られているからだと思っていました。あとは……、志望動機や自己PRはみんなが用意してくるものだから、簡潔に話をする準備はできているはず、というのが理由ですかねぇ……。

 そうですね。時間の制約があるという点がまず大きいわけです。そして採用試験では、数多くの学生が受けにくるなかで、筆記試験や複数回の面接試験を通じてふるい分けていくことになります。

はい。

 その際に、**全員に対して最初から長時間の面接などはしません。** まずは筆記試験や短時間の面接で、どう考えても採用基準に達していないと判断される学生を候補から外すわけです。そして2次面接、3次面接と進んでいくと、より時間をかけて丁寧に話をすることになります。

 そうは言っても、1分は短すぎませんか？　それじゃあ何も話せないと思うのですが。

 気持ちはわかります。しかし先ほど、三崎さん自身が言っていたように、志望動機や自己PRはみんなが事前に用意してくるものです。練習すればわかりますが、**1分でもかなりのことは伝えられるはず**です。

そして、1分でと言われているのに制限時間内で話せなかった場合には、面接担当者は目の前の学生について、少なくとも就職活動における定型の質問に対する準備ができていないことはわかるわけです。

 でも、せっかくだから、**準備した自己PRは全部伝えたくなりませんか？**

 それは違います。まず短時間で伝える場合には、最も自信があるものを中心として、**うまく伝えられる内容だけを厳選して話せばいい**のです。無事に2次、3次と面接が進んでいけば、話を聞いてもらうチャンスは必ず来ます。

そもそも自分だけ**制限時間を超えて多くのことを説明しても逆効果**ですよ。

逆効果ですか？

はい。スポーツの試合などを考えてみてください。たとえば、サッカーではキーパー以外は手を使ってはいけないとかルールがありますよね。みんなが同じ制限のもとで試合をするから勝負が成立するのです。

面接における時間制限も同じです。ほかの学生はその時間で伝えられる内容で評価されるわけですね。そこで自分だけ制限を超えて多くのことを話した場合、仮にそれが魅力的な内容であったとしても、評価されません。あくまで同じ条件の下で複数の学生を比較したいわけですから。

た、確かに……。

また時間制限を守れないということは、相手の時間を奪っていることにもなります。採用する側としては、相手のことを考えられない人は、顧客の立場に立ってものを考えられない人としてマイナスの評価をするでしょう。

なぜ時間制限を守ることが重要なのかが理解できたら、さっそく短いバージョンをつくって、練習しましょう。

はい！

時間制限のもとで、何を伝えるのか？

まずは、自己PRのどの部分を時間制限があるなかで伝えるのかについて

考えてみましょう。コツをつかんだら、志望動機は企業に合わせて自分で
やってみてください。

はい。僕がESなどに書く自己PRのひな型はこれです。受ける会社に合
わせて必要に応じて変えていますが、だいたいはこんな内容を伝えようと
思っています。そしてこれを実際に話そうとすると、だいたい3分くらい
かかってしまいます。

■自己PR

　私が学生時代に力をいれてきたことは「縁の下の力持ちとしてチー
ムに貢献する」ことです。
　私は、学園祭の実行委員として会計チームのリーダーをしていまし
た。当校の学園祭は、2日間の開催で来場者数約10万人以上を誇り、
準備に1年をかける大規模なイベントです。私は、大学・企業からの
予算や協賛金の管理運用、各ゼミ・サークルへの予算配分に伴う折
衝、前年度からの予算削減など多岐にわたり業務を行っていました。
その中でも最も苦戦したのは、全体予算の管理運用です。
　前年踏襲ではなく新規のイベントを多く開催したいという実行委員
全体の要望を叶えるためには、新規イベントの開催に必要な予算計画
を企画チームに作成してもらうこと、新規の企業協賛金20％UPを渉
外チームに確保してもらうこと、前年比で30％の予算削減を会計チ
ームで検討することが必要でした。しかし、いくら予算が足りないと
私が言葉で訴えても人は動きませんでした。そこで、私は、予算の見
える化と迅速な情報管理を行いました。
　見える化としては、各チームでバラバラになっていた予算管理フォ
ーマットの見直し、新規の渉外や予算節約のモチベーションにつなが
るよう実行委員50名の全体予算説明会の実施を行いました。また迅

速な情報管理としては、実行委員の皆が予算の進捗具合などを確認できるように、SNSを活用して随時予算フォーマットを更新し共有化していきました。

　それらの取り組みにより、早い段階での実行委員全体の士気ＵＰに繋がり、予算確保による新規イベントの開催はもちろん、学園祭の来場者数も前年度10％UPを達成しました。これらの経験により、縁の下の力持ちとして人の士気を上げるためのサポートをしたり、綿密に計画を立てて実行したりすることの難しさと重要性を学びました。こういった縁の下の力持ちとしての自分の強みを、仕事をするうえでも大切にしていきたいと考えています。

 これが三崎さんの自己PRですか。よく考えられていますね。

 はい、頑張ってつくりました。いろいろな人に見てもらって、とりあえず納得できた文章なので、**どこを省略していいかがわからない**んです……。

 気持ちはわかります。特に「この会社に入りたい」と真剣に考えている企業に対しては、自分のことをよく思ってほしいし、高い能力があることを伝えたいわけです。しかし「制限時間を守れない」という理由で落とされるのは、とても残念なことです。

三崎さんは、1分間で話すというと、どのくらいの文字数を伝えられると思いますか？

 えーっと。この原稿が800字だから、200から300字くらいですかね。

 そうですね。およそ300字です。もちろん、話すスピードには個人差がありますし、多少は調整できると思いますが、本番では緊張することも踏

まえて300字以内にしておきましょう。

それでは、三崎さん、さっそくですが、この自己PRを300字以内になるように削ってみましょう。まず残したい部分にマーカーを引いてみてください。そして、加筆修正して300字にまとめてみましょう。

 えっ！　わかりました。やってみます。

> 翔は真剣な顔で自分のESを読んでいます。
> そして10分が経ちました。

 できました。ちょうど300字です。どうでしょうか？

> 　力をいれたのは「縁の下の力持ちとしてチームに貢献する」ことです。私は、学園祭の実行委員として会計チームのリーダーをしていました。最も苦戦したのは、全体予算の管理です。
> 　学園祭の成功には、新規の企業協賛金を20％増やすこと、また予算を前年比で30％減らすことが必要でした。しかし当初は実行委員の連携ができず、目標達成が難しかったため、私は各チームで異なっていた予算管理フォーマットを見直して共通化し、またSNSを活用した頻繁な情報の更新を行いました。
> 　それにより当初の目標は達成され、新規イベントの開催と来場者数の前年度10％増も実現できました。
> 　この取り組みから、綿密に計画を立てて実行することの重要性を学びました。

 いいですね。**これくらい短縮してあっても、強みとエピソードがわかりますね。** でも、納得していないようですね？

こんなに短くて、本当に僕のことが伝わるんでしょうか？

 大丈夫ですよ。みんなが同じ条件ですから。またすでに話したように、細かい具体例やほかのエピソードを話す機会は、採用試験が進めば必ずあります。最初から全部を話し切ろうとしなくても大丈夫なのです。

それでは、1分間で練習してみましょうか。自分のスマホで録音してください。それでは、1分程度で自己PRをお願いします。

> 翔は、真剣な顔で、
> 300字にまとめた自己PRを読み上げています。

 はい、お疲れさまでした。どうでしたか？

 いやー、少し緊張してしまいました。でも、なんとか話せたと思います。

 そうですか。では、聞き直してみましょうか。

> 翔が自分のスマホを操作して、
> 録音した自己PRが再生されました。

 いかがでしたか？

 早口ですね。早口だからか、なんか軽いっていうか、説得力がありませんね……。あと、僕の友達も気をつけていると言っていたんですけど、「えっと」とか「えー」という余計な言葉も多いです。

書いたものを見ながら話しているのに。これじゃあ、本番だともっと伝わ

らないですよね。

 録音して聞き直してみると、さまざまなことがわかりますね。でも大丈夫です。練習すれば、だんだんと上手になります。また就職活動の中盤戦になると、録音して練習する必要はなくなるでしょう。その頃には三崎さんも慣れてきて、臨機応変に対応できるようになっていると思います。

 友達が、録音や録画をしてから、見直していると言ってたんです。「そこまでする必要あるかな？」と思っていた自分が甘かったですね……。

 早い段階で気づくことができてよかったですね。

 そうですね。練習してみます。

 はい。ほかに困っていることや気になることはありませんか？

グループワークでの課題とは？

 えーと、ほかは大丈夫だと思うんですが……、あっ！　グループワークについて質問してもいいですか？

 はい。採用試験でグループワークを体験したんですか？

 違うんです。この前、一緒に就活に取り組んでいるメンバーで集団面接の練習をしようということになって、グループワークっぽいこともやってみたんです。でもうまくいかなくて……。

そうでしたか。しかし三崎さんは、これまでもインターンシップやゼミで学生どうしの共同作業は経験していますよね？

 はい。インターンシップでも経験しました。しかしそのときは、ちょうどグループワークが超得意そうな学生がいて、議論を引っ張ってくれたんです。僕も意見は言いましたが、その意見も含めてうまく取りまとめてくれて……。

というか、その学生のイメージが強いから「あんなふうにはできないな……」と思って、不安なのかなぁ……。

 確かに、そういった活動が得意な人と苦手な人がいるのは事実です。そしてよく知っている友人どうしでの練習とは違い、**初対面のメンバーで適切に役割分担を決めて課題に取り組む必要がある**点に難しさがあります。

また、課題として出される内容は企業によってかなり違います。三崎さんは、**どのような課題があるのか知っていますか？**

 はい。それは大丈夫です。この前みんなで整理したんです。

まずチーム内で議論して、プレゼンをするスタイルがあります。それには正解がある問題とない問題があります。あと特定の主張に対して、賛成や反対意見を述べるケースもあります。

また議論のテーマとしては、一般的なもの、たとえば「会社は誰のものか？」や「企業は、副業を認めるべきか？」などもありますし、より具体的に企業の課題に関するもの、たとえば「○○の売り上げを2倍にするにはどうしたらよいか？」とか「この土地に何か建物を建てるとしたら、ど

んな建物がよいか？」みたいなのがあります。

 はい。

 そして会社や仕事に直結しないテーマとして、「マカロニの中に何を入れたら、もっと美味しくなるか？」や「無人島には何を持っていくと、生き残れるか？」みたいなパターンもあるみたいです。

次に、作業型の課題としては、みんなで何かをつくるようなものがあります。たとえば、「（グループ対抗で）A4のコピー用紙を何枚使ってもいいので、同じ大きさの机の上に、一番高い自立したモノをつくったチームが勝ち」みたいなやつです。

 わかりました。よく整理されてますね。

グループワークは、じつは、対策というのが難しいんです。**なぜなら実際に場数を踏まなければ慣れることができない**からです。

 はい。それはなんとなくわかっていて、それでみんなで練習しようということになったんです。でも、正解もない問題について議論しても、どうすれば評価されるのかがわからず、行きづまってしまいました。

それで「グループワークがある会社は受けるのをやめようか」なんて意見まで出て……。

 そうでしたか。

グループワークでの役割を考える

 そもそも初対面の人たちと一緒に作業をするのも大変なのに、そこで**リーダーのポジションを奪い合うとか難しすぎませんか?**

 待ってください。もしかして三崎さんは、グループワークでは「リーダーをやらないと受からない」とか「チーム対抗の場合は、勝たないと次に進めない」と思っていませんか?

 えっ?　違うんですか。インターンシップのときに場を支配していたデキる学生がいたんですが、僕が人事だったら、絶対に彼を採用したいと思いました。もう圧倒的なリーダーシップを発揮していて、しかも良いプレゼンをしていて、圧勝って感じです。

 そうでしたか。確かに、そこまで圧倒的なら、その学生はインターンシップ中に顔と名前を覚えてもらえたかもしれませんね。しかし**そのような人物ばかりが、企業に必要でしょうか?**　三崎さんのゼミやアルバイトの仲間について考えてみてください。**どんなタイプの学生が評価されていますか?**　評価されるのはリーダータイプばかりですか?

 うーん。そう言われると、そんなことはないかなぁ。ゼミの活動では、最初はプレゼンが上手な学生が目立つんですが、時間が経ってくると、コツコツと勉強や作業をしていた奴が面白い結果を出したりして、先生からも高く評価されるなんてことがあります。

あとアルバイトは、結構チームワークが重要なんで、一人ひとりには長所

も短所もあるんだけど、補い合ってやっている感じですね。

 そうですよね。「船頭多くして船山に上る」という諺があるように、**リーダータイプばかりでも物事はうまく進まない**わけです。

グループワークも同じです。企業の求めている能力や性格と、グループワークの様子から把握された学生の能力や性格がマッチした場合に、次のステップへ進めるわけですね。

 はい。

 「協調性」「発信力」「リーダーシップ」「斬新なアイデア」など、企業によって重視している能力には違いがあります。また、全体のバランスを評価するケースもあります。

もちろん、三崎さんがインターンシップで見た圧倒的にデキる学生のように、非常に目立つ人もいますが、そんな学生は稀です。ほとんどは、三崎さんのように、ある意味で「ふつうの大学生」なわけです。そうであれば、**自分の役割をきちんと把握して、その能力を最大限発揮しましょう。**

 はい。えっと……、そうですね。僕の役割とは、自己PRにもある通り、やっぱり「縁の下の力持ち」タイプかなぁと思います。

たとえば、ゼミで共同作業があれば先行研究の調査や事例を検索してくることは得意ですし、それらをみんながわかりやすいように資料としてまとめることも心がけています。

学園祭の実行委員は、すでにお話ししたように会計を担当しました。ま

た、バイトでは、なるべく次の人が作業しやすいように補充や整頓には気をつけていますし、みんなが働きやすいように心がけています。あとは、新しいバイトの子がひとりで寂しそうにしていたら、なるべく話しかけるようにもしています。

 その力は、インターンシップのグループワークでも役立ちましたか？

 はい。活かせたと思います。インターンシップのときの課題は「携帯電話に新たな機能をつける場合に、どんな機能がよいか？　根拠も示してプレゼンしなさい」というものでした。

3日間だけのインターンシップのうち1日を使っての作業だったので、そんなに深くは議論できませんでしたが、それでもインターネットを使った調査などはかなり綿密にできたと思います。

 なるほど。ちゃんとチームに貢献しているじゃないですか。同じように就職活動のグループワークでもできそうですよね？

 うーん。でも、就職活動のグループワークでは、だいたいその場で1時間とか2時間ディスカッションして結論を出すというパターンが多いと思うんです。このような場合には、**じっくり考えるというよりは、頭の回転が速いっていうんですか？　ポンポンと発言した人のほうが目立って結局その人の案になってしまう**というイメージです。僕は、思いついたままに発言するのはどうも苦手なんですよねぇ……。

 そうでしたか。しかし、それはほかの学生も同じように感じているのではないですか？

確かにそうかもしれません。

 それならば、グループワークのときに目立つ人以外も話しやすいように、ほかの人を支援してみたらどうですか？

たとえば「○○さんは、どう考えますか？」と話を振ってみる。それには答えにくいようなら、ポンポンと話をしている学生の意見に対して「○○さんは、どう思いますか？」と聞いてみる。これは、リーダー役でなくてもできそうですよね。

 それくらいなら、できそうです。でも、それだけじゃ受からないですよね（笑）。

 それは、企業側が求めている能力との相性にもよります。少なくともリーダーだけを求めているわけではないことを理解して、**自分だけでなくほかの参加者も活かす機会をつくる**ことができれば、それだけでも十分に評価されると思いますよ。

 苦手だと思っていたグループワークが、ちょっと大丈夫かもという気がしてきました。

 はい。しっかりと準備して、自信を持って参加できるようにしてください。不安そうな顔をしている人は、やはり高い評価を得るのが難しいのです。

グループワークのポイントとは？

 グループワークには重要なポイントがいくつかあります。

- 初めて会った学生どうしが協力して目の前の課題をクリアすること
- 自分の強みを最大限発揮できる役割を担うこと。仮にその役割を担当できなくても固執せず、自分にできそうな役割を前向きに探して、チームに貢献すること
- リーダー役をやらなくてもチーム対抗に勝てなくても、次の選考に進めることを理解すること。あなた自身がどのような形でチームに貢献しているかがを評価されていることに注意しよう

でしょうか。

 本当にチーム対抗で勝てなくても次に進めるんですか？

 はい。重要なことなので、何度も言っていますが、就職活動は、勝ち負けではありません。**採用担当者は「この人と一緒に働きたいと思えるかどうか」を確認しているのだ**ということを忘れないでください。

これは、グループワークでも同じことです。**うまく助け合っているチームは全員が通過するかもしれない**ですし、1人だけが目立って活躍したとしても、強引だと判断されれば全員落ちるかもしれません。

 はい。頑張ってみます。

第4話はここまでです。翔くんと高橋さんの対談を通じて、皆さんは何を学びましたか？　重要なポイントをまとめておきましょう。

- 自分の能力や人柄を伝えるエピソードは、複数用意して、その整合性にも注意しましょう。
- 時間制限があることに備えて、十分に面接の準備をしておきましょう。
- グループワークでは、自分の能力を発揮できる役割は何かをあらかじめ考えておく必要があります。また希望通りにならなかったときに、どのように気持ちを切り替えるのかも想定しておきましょう。

【安藤先生の就活ひとことメモ】

仕事では、エレベーターの中で上司や取引先に対してプレゼンをするなど、短時間で説明をする機会が多くあります。限られた時間で的確に伝える力は、とても重要です。

採用面接の課題

 今回も、三崎さんの就職活動について見てきましたが、先生はいかがでしたか?

 はい。やはり実際に採用試験が始まると、学生も大変なようですね。人生で初めての経験なので戸惑うことも多いようですが、就活を終えた学生というのは、**人間的にも成長して魅力的になったなと感じることが多いの**で、頑張ってほしいですね。

 それでは今回も、質問形式で考えていきましょう。

 よろしくお願いします。

第一志望かと聞かれたら?

 まずは採用面接において、学生が最も悩むこの質問からです。

問13:採用面接において面接担当者から「当社は第一志望か」とい

う質問を受けた場合には、どのように答えればよいのでしょうか。

 これは**採用試験のどの段階にいるかによって変わってきます**ね。まず最終面接や内定の意思確認よりも前であれば、「第一志望です」と答えるのが一般的です。

そもそも多くの企業の採用試験を受けることや、複数の内定を得ることが目的ではなく、自分に合った会社とマッチすればいいわけですから、学生は、ある程度は厳選して受験しているはずです。

そして、その会社しか内定を得られなかった場合には、喜んでその会社で働くと思えるのであれば、**「第一志望です」**と自信を持って伝えてよいでしょう。

 そうですね。現時点では志望順位がより高い企業はほかにあったとしても、**就職活動を通じて志望順位が変化するのはよくあること**です。

いま採用試験を受けている会社とのやりとりを通じて、**その会社が第一志**

望になる可能性もあります。 この人みたいになりたいと思う先輩社員に出会えるかもしれませんし、十分に理解していなかった会社の魅力に気づかされるかもしれません。

 ただし、最終面接のような段階になってくると、難しい判断を迫られるケースもありますね。

 はい。本当にその会社が第一志望なら問題ありません。「御社が第一志望です」だけでなく、「内定を得られれば、現在進行中のほかの採用試験はすべて辞退します」とも言えるわけですから。

しかし、ほかにもっと行きたい会社がある場合には悩むわけです。正直に「他社も受けていて、そっちが決まれば他社に行きます」と言った場合には、落とされる可能性が高いからです。

 そうですね。また自分が行きたい会社が業界の一番手ではない場合には、「第一志望です」と答えた場合には「なぜ業界1位の○○社じゃなくてウチなの？」という質問に答えられるようにしておく必要があります。

関連する難しい質問として、「ほかにどの企業を受けていますか」というのもありますね。

質問の意図を把握しよう

 はい。そもそも、この「第一志望ですか？」「他にどんな企業を受けているの？」という質問の意図には、次の3種類があると思います。

いかがでしょうか？

 そうですね。わかりやすいまとめだと思います。

まず①については、**単純に志望度を確認している**わけです。これは内定を出したら入社してくれるのか、また採用したら長期間働いてくれるのかという会社側の不安を解消するための質問です。

ここで、「それほど志望順位は高くありません」と答えると、そこで採用試験は終わりになってしまうでしょう。入りたいと思える会社であれば、やはり第一志望ですと伝えるのが礼儀だと思います。

ただし正直に「第二志望です」とか「他の会社と迷っています」と答えたからといって、すぐに選考プロセスから外されてしまうとは限りません。魅力的な学生であり、ぜひ採用したいと企業側が考えていれば、「ほかの会社ではなく、うちに来なさい。一緒に働きましょう！」と熱心に誘ってくれるケースもあります。

 ②についてはいかがですか？

 はい。自分が重視している企業選びの視点として、たとえば「モノづくり

に携わりたい」と書いたり話したりしているのに、ほかに受けている会社が金融機関だったりすると、**整合性が問われる**ことになります。

一方で同業他社を挙げたとすると、ウチが内定を出したら本当に来るのかという点で納得感のある答えを返さないといけないわけですから、そこについても準備は必要です。

 そうですね。③については、いくつかの視点が考えられます。まず他企業の進捗状況を知りたいのは、**他社が先に内定を出して囲い込んでしまわないか**を気にしていることが考えられます。

また、他企業からの評価を気にしているという面もあります。やはり企業の採用担当者は不安なわけですから、安心材料がほしい。**ほかの会社からも高く評価されている学生であれば、安心して採用できる**わけです。

 その面では、他社でどの段階まで進んでいるのかを正直に伝えることには問題もあるわけですね。採用担当者は、ライバル企業から早い段階で不採用となっている学生のことを選びにくいと思われるからです。その場合には、採用試験を受けたが縁がなかったと答えるよりも、そもそも受けていない、または結果待ちと答えたほうがよいかもしれません。

 これは嘘をつくことにもなりますから、心苦しいと思う学生もいるでしょうね。

必要な嘘とは？

 しかし、**社会では必要な嘘もある**と思います。たとえば結婚相手を決める場合でも、本当にこれまで出会った人間の中で最も魅力的だと思える相手と結婚できるのであれば、それは幸せなことですが、現実にそうなるとは限りません。

自分が本当に好きだった相手には振り向いてもらえなかったとか、その人は別の人と結婚してしまったなどという場合に、それを正直に言って回るのはよいことではないでしょう。

そして**関係性というのは、時間をかけて築いていくもの**でもあります。納得できる相手と結婚して、日々の生活の中で信頼関係を築き上げて、かけがえのない夫婦や素敵な家族になっていくことも幸せなことですね。その際に、いちいち「あなたは私にとって最善の相手ではなかった」なんて言う必要はないわけです。

 はい。そうですね（笑）。

 なお、問7のところでは、私は「誇張や嘘はやめたほうがよい」と回答しました。それは自分をよく見せるために、実際と異なる姿を伝えるのは望ましくないという意味です。これに対して、いまお話ししている「必要な嘘」というのは、選考過程において自分のことをすべて開示する必要はないということを言っています。その違いには注意してください。

 それでは次の質問に進みましょう。

問14：面接試験などで、「最後に、何か質問はありますか？」と聞かれた場合には、どのように答えればよいのでしょうか。

 これは注意が必要な質問ですね。**無理やり何かを聞こうとして、当然知っておくべきことを質問してしまい、面接担当者に失望されてしまう**ことも考えられます。これは企業研究が不十分な場合にありそうな話です。

 そうですね。また2次面接や3次面接などになると、もう特に新しい質問はなくても、「質問はありません」と言ってしまうと意欲や関心が低いと捉えられてしまう可能性があって悩ましいわけです。

<u>機会を活かすために</u>

 本来であれば、このような**逆質問の機会は、その企業のことや志望業界に関連することについて、質問するのがよい**でしょう。志望度が高いことや勉強していることをアピールできますから、むしろ自己PRの機会と捉えて前向きな質問をする必要があります。

 たとえば、どのようなことが挙げられますか？

 そうですね。たとえば、その学生が現在取り組んでいる活動から目の前の企業に関連するであろう事柄をもってきて、自分の考えとともに質問するのはどうでしょうか。この対応だけでも、常に問題意識や課題を持って目の前の事柄に取り組んでいることが伝わると思いますよ。

ほかにも、読んだ雑誌や本の事柄から感じた課題や面白かったことから、

自分は「いまの人々のニーズは○○と変化していると感じているが、御社ではどのような取り組みを行っているか？」と聞くこともできます。少しこじつけであったとしても、まったく質問しないよりはよっぽどいいはずです。

 なるほど。普段から**自分が感じていることや疑問に思っていることを伝えてみるだけでもいい**わけですね。

 逆質問で気をつけるべきなのは次のことです。

- パンフレットを見ればわかるようなことを質問しない。明らかな勉強不足から志望度の低さが露呈する。
- 福利厚生や働き方についてばかり質問しない。ただし、女性が活躍する風土があるか、育休からの復帰のしやすさなど、自分自身がその企業で長く働きたいと希望していることを伝えられる質問であればプラスに働く可能性がある。
- 自分自身を卑下するような伝え方はしない。向上心や問題意識があることをわかるような伝え方を心がける。

 はい、その通りだと思います。

 次に、学生から受けることがある定番の質問として、次のようなものがあります。

問15：これから就活がもっと忙しくなりそうだし、急に休むことなどで迷惑をかける前に、アルバイトは辞めたほうがいいのでしょうか。

これに関連して、「就活生は就職活動に集中すべきでしょうか」といった質問を受けることもあります。

限られた時間の上手な使い方

 就職活動の時期は、確かに忙しいですね。体は1つしかありませんし、時間も有限です。よって**何を優先するのかは非常に悩ましい問題**となります。私も大学でゼミナールを受け持っていますから、学生が就職活動と学業、そしてアルバイトなどの時間調整に苦労していることはよくわかります。

 私は、アルバイト先の経営者や店長とも相談しながら、**できれば続けていったほうがよいとアドバイスすることが多い**ですね。

 それはなぜですか?

 就職活動において、学生は企業から、何度も何度も自己PRと志望動機を確認されることになります。その際に、さまざまな角度からの質問があります。

その場合に、いつも同じエピソードでは説得力に欠けます。よってすべての時間を就職活動だけに使っているよりも**アルバイトを続けたほうが、新しい体験などを得られるメリットがある**はずです。

またこれからの時代は、1つのことだけに集中するのではなく、**バランスよくさまざまなことを同時並行で行うことができる能力が問われている**と

も感じています。

そうですね。副業・兼業が重視されるようにもなり、企業によっては積極的に支援しているケースもあります。ほかにも、生活のすべてが就職活動というのでは気が滅入ることもあるでしょうから、良い気分転換になるかもしれません。

就職活動中は、本当に毎日疲れますからね。でも、中にはゲームのように楽しんでいる学生もいる。そんな学生は強いですね。

「謎ルール」を読み解く

ところで学生が直面する悩みとして、就職活動の際には、髪の色を変えて、服装も自分らしくないリクルートスーツを着ることに抵抗感があるといったこともあるようです。

それだけでなく、就活の際に、学生はさまざまな「謎ルール」に戸惑うようです。

問16：就職活動の際には、リクルートスーツを着る、髪は黒くする、髪が長い女性は後ろで1つにまとめる、ノックは3回、バッグは直立するものなど、さまざまな根拠がわからないルールに直面します。これらは守らなければならないのでしょうか。

ルールというか**マナーに関することは、謎な点が多い**ですよね。ただ、そのようなマナーが存在するのには、**一定の理由があると思います。**

身なりや服装に関することで重要なことは、次の2つです。

- 清潔感がある
- 相手と自分自身が選考に集中できるようにする

清潔感は明確ですね。一緒に働くことになるかもしれない人は、少なくとも不快感を与えない程度にはしっかりとした服装をしていてほしいと考えるはずです。そして**集中できるという2つ目の理由は、軽視されがちかもしれませんが、重要**です。

たとえば、直立するバッグであれば、面接時に学生が置き場所を考える必要がありませんし、面接中にバッグが倒れてしまうこともありません。本人も面接担当者も選考に集中できるわけです。

私は、服装については、就職後にも使えるものを購入すべきだと考えています。たとえば、男性であれば、紺か濃いグレーのスーツを購入したほうがよいでしょう。

その会社で働く人たちの中に混ざっても不自然ではない服装をすることが、本来ならばよいことだと思うのですが、いかがですか？

実際に、アパレル企業やファッション誌を扱っている出版社に就職したい学生は、服装にもこだわって就職活動に臨んでいると思います。

もちろんリクルートスーツは、一通り揃えても安いということは理解しています。靴やバッグをセットにして売るケースも多いですし。

いまの大学生は、**およそ半数が学生支援機構の奨学金を受けています。** そしてその多くは、奨学金とはいっても、返済する必要がある教育ローンなわけです。つまり、金銭的な余裕があるわけではないのです。

だから就職活動にも、余計なお金はかけたくないし、かけられない。そうなると紳士服チェーン店で安く提供されているリクルートスーツは、有力な選択肢になるわけです。

そもそも**なぜ黒いリクルートスーツは安いのでしょうか？**　ほかの色のスーツも同じ価格で販売されていれば、選択肢が広がりますよね。

それは経済学の視点からは、店側が購入者をグループ分けしていると捉えることができます。黒のリクルートスーツやバッグなどとのセットの価格が安くても、一般のビジネスパーソンは黒は購入しません。服装のルールに沿っていませんし、就活中の学生に間違えられてしまうからです。よって黒いスーツは、安くしても購入者は就活学生に限定されます。これに対して紺のスーツを安く販売すると、一般向けの紺のスーツが売れなくなってしまいますね。

また紳士服チェーン店の視点からは、まずは就活でスーツを購入してもらう。その機会に店のことを知ってもらったりポイントカードをつくってもらったりすることで、その後の仕事着を定期的に購入してもらうことを期待しているのかもしれません。

このように紳士服チェーン店の視点から考えても、面白いかもしれませんね。

 はい。ありがとうございました。

教授からの
挑戦状②

第3話と第4話では、実際の就職活動に取り組むために必要な準備について考えました。ここで重要なのは、面接やグループワークで求められていることが何なのかを理解したうえで、十分に練習しておくことです。

学生の中には、いきなり面接を受けて失敗してしまい意気消沈する、またグループワークで何もできずに戸惑ってしまうなど、準備不足に起因する失敗に直面する人もいるようです。それは限られた機会を無駄にしてしまうことを意味していて、とてももったいないことです。

そこで、ここでは2つの課題に取り組んでいただきましょう。

具体的には、
(1) 面接の際に担当者が記入する評価シートを確認して、どのような点を伝えればよいのかを把握してください。
(2) グループワークの課題として想定される事項について、基本的な内容を理解した上で、自分の考え方を整理してください。

教授からの
挑戦状②

1. 面接と評価シートを考える

　採用面接では、1人の担当者が多くの学生を評価することになります。その際には、学生ごとに評価がブレないように、評価シートを利用することが一般的です。

　ここで評価シートのサンプルを見てみましょう。合計で100点になるように、5段階評価の項目が20個設定されています。

面接評価シート（サンプル）

〇〇〇〇株式会社

面接日	年　　月　　日	面接担当者	

（ふりがな）		生年月日	年　　月　　日
氏名		卒業校	
語学・資格		希望職種	

	項目	チェックポイント	評価	特記事項・メモ
第一印象	清潔感	服装、髪の乱れ・初対面での適度な清潔感	5・4・3・2・1	
	視線・表情	相手の目を見る・感情に合わせた表情・明るさ	5・4・3・2・1	
	声の大きさ・言葉遣い等	適度な声の大きさ・その場に合わせた言葉遣い	5・4・3・2・1	
関係構築力	論理性	話に説得力があるか・論理的か	5・4・3・2・1	
	傾聴	相手の話を聞いている態度・表情・頷き	5・4・3・2・1	
	理解力	質問の意図を理解している・回答の説得力	5・4・3・2・1	
	要約力	自己PR等のまとめ方・端的にまとめる力	5・4・3・2・1	
	多様性への理解	様々な人々とコミュニケーションできる力	5・4・3・2・1	
スキル・経験	自己PR	強みの内容・裏付け・説得力	5・4・3・2・1	
	志望動機	明確な志望理由か・思い	5・4・3・2・1	
	職務スキル	パソコン等の基本的な職務スキル・特殊スキル	5・4・3・2・1	
	経験力（成功・失敗）	失敗と成功の要因分析・経験を職務に活かせる	5・4・3・2・1	
社会人能力（自走型）	主体性	依存せずに物事を進められる・自ら自走できる	5・4・3・2・1	
	課題発見力・解決力	現状の分析・課題の発見・課題を解決できる	5・4・3・2・1	
	行動力	職務遂行に伴い責任感をもって行動できる	5・4・3・2・1	
	精神力（ストレス耐性）	人間関係、職務に対するストレス耐性	5・4・3・2・1	
	好奇心・向上心	好奇心と向上心があるか・チャレンジ精神	5・4・3・2・1	
	交渉力	社内外への交渉に伴う論理性や行動力	5・4・3・2・1	
その他	事業理解	当社の事業への理解・知識の有無	5・4・3・2・1	
	企画力	新しい発想力・改善力	5・4・3・2・1	
		合計	/100 点	合・否

面接担当者　総括

まずはそれぞれの項目について、どのような回答が高く評価されるのかを考えてみましょう。また自分が準備している自己PRや志望動機を振り返って、それを評価すると何点になるのかを計算してみましょう。個々の評価項目について評価者が点数をつけるために十分な情報提供ができているかも確認してみてください。

なお、このような評価基準を理解しておくと、友人と一緒に行う面接の練習などでも、どのような点に注意しながら話をすればよいのか、また評価すればよいのかが明確になります。マイクロソフト社のWord形式のファイルをサポートサイトに掲載しておきますので、自分が志望する業界に合わせて評価項目や点数配分を適宜修正しながら利用してください。

2. グループワークの課題を検討しておく

グループワークではさまざまな課題が提示されます。第4話「グループワークでの課題とは」の部分で三崎さんがいくつかの例を示してくれていますが、ほかにもさまざまな内容が考えられます。

実際に参加するときに戸惑わないためにも、新聞や雑誌で取り上げられることが多い旬の話題、また実際に就活で取り上げられた実績があるテーマについては、まずは概要を理解した上で、自分なりの意見や考え方を整理しておくことが有益です。

このくらいは知っておく必要があると思われる一般常識や知識の水準は、業界によっても異なります。たとえば、新聞や雑誌などのマスコミ業界では、求められる水準が高いと思われます。どのような事項について知っておくとよいのかを整理してみましょう。

以下では、具体例を2つだけ挙げておきます。

課題1：最近、ジョブ型雇用に注目が集まっています。それがどのような内容なのかを整理した上で、○○社では導入すべきか否かを提言してください。

グループディスカッションでこのような課題が出されたとします。このとき、まずはジョブ型雇用とはどのようなものかを正確に捉えることが必要です。その理解が間違ったままで導入の是非を検討したり主張したりしても的外れになるからです。

課題2：最近、首都圏を中心として、保育所に子どもを預けることが難しい待機児童の存在が大きな社会問題として捉えられています。なぜ待機児童が発生するのかを説明したうえで、この問題を解決するための方法を提案してください。

こちらの課題についてはどうでしょうか。まず待機児童とは何かを知らなければ、社会問題についての感度が低いと評価されてしまうでしょう。またその発生メカニズムを説明する際には、論理的な思考ができるのかが問われることになります。そして解決方法を提案するためには、費用面での制約を踏まえたうえでの現実的な提案を考える力が求められます。

いかがでしたか？　ここで紹介した2つの課題については、本書のサポートページに簡単な解説を掲載しておきます。ぜひ自分で考えてみてから確認してください。

働く会社が選べません。

第5話の主人公は、4年生のさくらです。充実した就活の結果として、2社から内々定を受けることになり、就職活動は一段落しました。しかし彼女には深刻な悩みがあるようです。いったいどうしたのでしょうか。

> さくらは独りで暮らす自宅のベッドに座って、
> 窓の外を眺めています。

 就活では、なんだかんだで2社から良い返事をもらえた。最初はどうなることかと思ったけど、自分としてはよく頑張ったと思うな。

 でも、私はどっちの会社に行けばいいのかな。今頃になってまだ悩んでるなんて、自分らしくないと思う。うーん……。

> そこにちょうど良いタイミングで、実家の母から電話がありました。

 もしもし。お母さん？　どうしたの？

 あら、さくら。元気そうね。今年の夏休みは帰ってくるのかって、お父さんがうるさいのよ。「直接電話して自分で聞けば？」って言ったら「じゃあいい」だって（笑）。

 あのね、就活もなんとか2社から内々定をもらえたんだ。来年の春からは無事に新社会人になれそうだよ。だから、夏はいつもと同じくらいに帰れるかな。

でも、いまね。**2つの会社で迷っていて**……。A損保とB出版っていうところなんだけれど……。

 あら、そうだったの！　よかったね、頑張ったんだね。お母さんも嬉しいよ。

そうねぇ、A損保は知っているけれど、B……出版？　その会社は聞いた

ことないねえ。

 うーん。そうだよね。**でも私が最初にやりたいと思っていた仕事**は、編集なんだよ？

 そうねぇ。やりたい仕事をするのが一番だよね……。でもさっき、さくらが「迷っている」って言ってたから……。それなら大学の先生や先輩など**身近で信頼できる方に相談してみたらどうかな？**

ほら、お父さんに相談しても、たぶん「大手企業にしておけば間違いない」って言いそうだし。

 うんそうだよね、わかった。そうしてみようかな。

じゃあ切るね。どうもありがとう。夏休みには、何かお土産買って帰るから。

 はいはい、待ってるよ。

> 母との短い電話が終わりました。
> でもさくらは、なんだか前よりも厳しい顔をしています。

 お母さん、あー言ってたけど、きっと知っている会社に入ったほうが嬉しいんだろうな。確かにテレビCMで見るような会社で子どもが働いていたら、**自慢だし安心できる**よね。

でも、編集の仕事もやっぱりやってみたい。そりゃもちろん、大手の出版社に入れれば、もっとよかったんだけれど……。

うん。ひとりで考えても決められないなら、まずは相談してみよう。お母さんの言う通り、まずはゼミの先生かな。

数日後のことです。さくらは、卒論ゼミに参加しました。
そして、終了後に後片付けをしている担当教員に話しかけました。

先生、ちょっといいですか?

はい?

無事に内々定をもらって、就職活動が一段落しました。これからはゼミに毎回出席できます。

おめでとう! よかったですね。

ありがとうございます。でも決められないんです。2つの会社から内々定をもらっているんですが……。

働く会社が選べない

はい。就職先企業の相談ですね。もう少し具体的に状況を教えてもらえますか?

わかりました。まず1つ目の会社は、大手損害保険会社の**A損保**です。ここは就職活動を始めた当初に、「面接に慣れておかないと」と思って軽い気持ちで受けた会社でした。しかし面接官や人事の方々との相性が良く、

皆が優しい雰囲気で次第に良い印象を持つようになりました。**「ぜひ一緒に働きたい」と熱心に誘ってくれています。**

また入社してからの研修制度も充実しているという話だったし、働くうえでの不安はあまりありません。しかしここは、**就活する前からやりたいと思っていた仕事とは違うんです。**

 はい。

 もう1社は、医療専門誌を発行している出版社の**B出版**です。私は、最初から編集の仕事がやりたくて出版社を中心に回っていました。しかし大手は全滅で、**「編集」という仕事ができるなら企業規模やジャンルは問わない**と思って活動するうちに、この会社に出会いました。

医療専門誌ですが、その雑誌にはコラムやインタビュー記事があって、なんとか興味を持ってやれる仕事だと思っています。でも小規模だし、入社してからも、特に研修などはないそうです。数カ月程度、先輩にくっついて仕事を覚えたら、あとは実務を通じて成長してほしいとのことでした。

 わかりました。それで、どんなところで迷っているのですか?

 とりあえず2つの会社の特徴を書き出してみたんです。それでも、安定していて働きやすい環境のA損保とやりたかった編集ができるB出版のどちらに行ったほうが幸せなのかがわからなくて、決められないでいます。

これ以上決断が遅くなると、辞退する会社にも迷惑をかけてしまうことになりますし……。

[A損保]

仕事の内容：営業職　　働く場所：全国や海外転勤有り

社員数：約2万人　同期：約100人　研修：入社1ヶ月+OJT

福利厚生：寮、各保養施設有、財形貯蓄等々…充実!!

勤務、休暇など：フレックス制、育児リフレッシュ休暇 などなど…

社員の方々の印象：ハキハキと話す人当たりの良い印象、
　　　　　　　　質問や疑問には.きちんとこたえてくれる、
　いろいろなことができるゼネラリストのイメージ

[B出版]

仕事の内容：編集(取材なども)

働く場所：東京神田の本社ビル+取材など

社員数：約150人　同期：5人　　研修：なし

福利厚生：社員旅行、軽井沢に保養施設

勤務、休暇など：9:00〜18:00、育児リフレッシュ休暇…
　　　　　　　(締め切り前の残業あり)

社員の方々の印象：1つ1つ丁寧な仕事をする、
　　　　　　　こだわりや信念がありそうな印象、
　　専門的なスキルがあるスペシャリストのイメージ

わかりました。今日は子どものお迎えがあるので、もう帰らないといけないのですが、どうですか？　ほかの学生にも紹介しているキャリアコンサルタントに会ってみませんか？

よく話を聞いてもらって、自分の希望や考え方を整理するとよいと思います。

 はい、よろしくお願いします。

> こうして、さくらも高橋さんに会うことになりました。
> 今日は、初回面談です。待ち合わせのカフェに到着したさくらは、
> 挨拶もそこそこに、さっそく相談を始めました。

大企業は安定していて安心なのか？

 はじめまして。N大学経済学部4年の神保さくらです。安藤先生の紹介で相談にきました。今日はよろしくお願いします。

 神保さん、こんにちは。まずは就職活動、お疲れさまでした。そして、おめでとうございます。

A損保とB出版で迷っているという現状については、安藤先生からすでに伺っています。神保さんにとって、**納得がいく選択ができるように、一緒に考えていきたい**と思います。

 はい、よろしくお願いします。

まずA損保については、総合職として内々定を得ています。またB出版は医療専門誌がメインの会社です。職種としては編集ですが、その他のさまざまな業務も担当するようです。

内々定を得てから、まず2社の特徴を書き出してみるなど検討を進めているのですが、決められずにいます。また親に報告したときには、本当は有名企業のA損保に入ってほしいと思っているみたいでした。私がB出版に決めたら**ガッカリするのかな**と感じています。

 わかりました。子どもには幸せな人生を送ってほしいと考えている親御さんからしたら、名前を知っている企業に子どもが入社するほうが安心という面があるのかもしれませんね。

でも、神保さんは、Ｂ出版に魅力を感じているということですね。それでは、なぜ**自分が希望する編集の仕事ができるＢ出版に決めてしまわずに、Ａ損保との間で迷っている**のか、その理由はどんなところにあるのでしょうか？

はい。それは、**大企業のほうが安心できる**と感じていることが大きいです。会社が倒産してしまう可能性もないでしょうし、教育訓練なども充実しています。また給料も高いと思います。そして人事担当者から「ぜひ一緒に働きたい」という熱意を感じていることも大きな要素です。

「倒産してしまう可能性」を挙げていますが、反対にＢ出版は経営が行きづまる可能性があると認識しているわけですね。

はい。専門的な分野を扱っている出版社なので、固定的な読者層を押さえているとは思います。しかしやはり相対的にはリスクが大きいと感じました。

ただし私自身は、どちらの会社も長期的にはどうなるかわからないとも考えています。**いまは、技術進歩によりさまざまな仕事が不要になっていく時代**ですし、新型コロナの問題で飲食店がいきなり打撃を受けるなど**不確実なことも多い社会環境**です。

どんな大企業でも経営破綻する可能性はありますし、反対に小さな会社でも高い利益を上げている会社はあります。でも、もしＢ出版に決めて、大変なことになったときに、「あのときやっぱり親の意見も聞いておけばよかった」と後悔するのは嫌なんですよね……。

神保さんは、現状を的確に把握しているようですね。素晴らしいと思いま

す。どちらの会社に決めたとしても、その会社で働くのは神保さん自身です。

そして大企業で働いているからといって安定しているとも限りません。確かに相対的に企業が存続する可能性は高いでしょう。しかし、そのために**働き方の自由度が低い**という点は理解する必要があります。

 はい。

 大企業で正社員として働く場合には、そもそも自分のやりたかった仕事に配属されるかわかりませんし、会社側の都合によって仕事内容が変更される**配置転換の可能性もあります**。また、引っ越しを伴う勤務地の変更である**転勤があることが一般的**です。

その意味で働き方が安定しているとは限りません。仕事内容が変われば、学び直すことも多いでしょうし。人間関係も新たに築き上げる必要があります。転勤もそうですね。引っ越しをして、新しい街で生活を立ち上げることが求められます。

 同じ会社で働き続けられることだけを指して「安定」とは考えないほうがよいということですね。

 その通りです。まずは親が安心するか否かではなく、自分が働きたいと思う会社を選ぶほうがよいでしょう。

実際に働き始めると、若手社員の多くが仕事においてストレスを感じることになります。その原因の多くは、仕事内容と上司との関係です※。

それでも働き続けることができるのは、**自分が選んだ会社であり仕事であるという自覚と自信があるから**です。もちろん結婚して家族ができたりすると、働き続けることの意味や理由は次第に変化していくことにもなりますが。

はい。

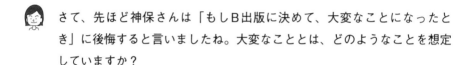

転職が当たり前の時代

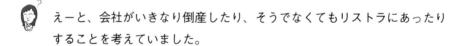さて、先ほど神保さんは「もしB出版に決めて、大変なことになったとき」に後悔すると言いましたね。大変なこととは、どのようなことを想定していますか？

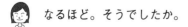えーと、会社がいきなり倒産したり、そうでなくてもリストラにあったりすることを考えていました。

なるほど。そうでしたか。

しかし仕事を一時的に失ったとしても、別の会社で働くことが簡単であれば、それほど大きな問題ではないかもしれません。

現在の日本は、**人口減少による人手不足に直面しています**。そして、この

※マンパワーグループの調査
https://www.manpowergroup.jp/client/jinji/surveydata/190722.html

傾向は今後加速することが避けられません。したがってこれからの労働市場は、**基本的には売り手市場**なわけです。

そして、転職市場はすでにとても活性化しています。日本も海外のように、長い労働人生の間に**転職するのが当たり前の時代**がきています。たとえば、総務省の労働力調査を見てみましょう。いまスマホを持っていたら、「転職者数　推移」などで検索してみてもらえますか?

 はい。大学の授業でも、労働力調査って出てきました。えーと。

> さくらはバッグからスマートフォンを取り出して、
> さっそく検索してみました。

 統計トピックス No.123 というページが見つかりました。2019年に転職した人の数は351万人で、比較可能な中では過去最高になっていますね[※]。

また「より良い条件の仕事を探すため」に前職を離職した転職者が増加しているというのも最近の傾向だと書いてあります。

 しかし、それは正社員から、もっと条件が良い別の会社の正社員に転職したとは限りませんよね?

 確かに……。でも、もっと下のほうに、正規雇用の間での転職は増えてい

 ※統計トピックス No.123
https://www.stat.go.jp/data/roudou/topics/topi1230.html

て、非正規から正規というパターンも増加しているってありました。

 そうですね。また、**転職して満足度が上昇した人も多い**という調査結果もあります。たとえば、全国求人情報協会による「若者にとって望ましい初期キャリアとは〜調査結果からみる"3年3割"の実情〜」※を見ると、早期転職した人の満足している割合は約7割です。また、転職先の企業が最初の会社よりも小規模であっても、そのうち約7割が満足と回答しています。そして転職して、初職よりも1割以上賃金が低下したとしても、約6割の人が満足しているようです。これは安藤先生も参加した調査ですね。

 そうなんですね！

しかし転職することになったとして、すぐに次の仕事が見つかるものでしょうか？　そこが不安なんです。

先ほど高橋さんは「別の会社で働くことが簡単であれば、それほど大きな問題ではない」と言いました。でもそこが問題で、仕事を失ったときに**不景気だったり、自分になんのスキルもついていなかったとしたら、転職先を見つけるのが難しい**と思います。

親に迷惑をかけたくないし、やはり心配です。特に、これからは、技術進歩でいろいろな仕事が失われるって話も聞いて、**資格を取ったとしても安心できない**と感じています。

 ※「若者にとって望ましい初期キャリアとは〜調査結果からみる"3年 3割"の実情〜」
https://www.zenkyukyo.or.jp/201810_wakamono/

神保さんの不安はよくわかりました。その答えを一緒に見つけるために、取り組んでいただきたい2つの課題があります。**B出版で働くことを想定して、記入してみてください。**

> 高橋さんはノートパソコンを取り出して、何やら書類を作っているようです。そしてモバイルプリンターですぐに印刷しました。

これです。いま10分くらい時間をとりますので、考えてみましょう。

わかりました。やってみます。

> さくらは、プリントを見ながら、少し悩んでいるようです。

（まずはB出版で身につけられるスキルか……）

（演習2は少し難しいかな……。スキルが「技術進歩により代替される可能性」って、それがわかれば苦労しないよね……）

> さくらは、スマホでいろいろと調べながら、なんとか書き上げました。

その仕事は20年後にもありますか？

できました。

はい。どのように考えて書いたのかを教えてもらえますか？

演習1：自分の希望している職業で身につけられるスキル、身につけたいスキルを挙げてみよう。

演習2：そのスキルが、将来的にどのような技術進歩により代替される可能性があるのかを考えてみよう。

218

演習1：自分の希望している職業で身につけられるスキル、身につけたいスキルを挙げてみよう。

編集

- 新しい本や雑誌の企画提案
- 企画に合ったライター、カメラマン、デザイナー等のディレクションや調整
- 記事や内容の構成を考える
- 取材、撮影などのイメージ共有、段どり
- 校正
- 基本的なビジネススキル、コミュニケーションスキル

演習2：そのスキルが、将来的にどのような技術進歩により代替される可能性があるのかを考えてみよう。

AIにとってかわりそうなスキル

- 構成、レイアウト、校正

たくさんの人がよむ、よみたい記事や本をAIが予測できる？ → 既にネットニュースまとめサイト等がやっている！
→ 企画もAIができるようになる？
○データベース化された傾向からよむ企画はAIができるようになると予想できる。
×共感、意外なくみあわせ等、人間にしかできない企画もある！！

219

はい。**本来やりたかった「編集」という仕事**について書いてみました。

演習1では、編集で必要となるスキルに注目しています。編集者には、企画から校正まで、出版に関わる**すべてのプロセスをこなすことが求められます**。ここには書いていませんが、執筆作業を担当することもあります。

そもそも、昔はこれらの仕事にそれぞれ担当者がいて分業していましたが、いまは取材も写真撮影も編集レイアウトもみんな1人でできるようになりました。というか、できないと仕事になりません。

ずいぶん詳しいんですね（驚）。

はい、好きな仕事ですから。

そもそも私は小さい頃から文章を書くのが好きでした。そして大学3年生のときに、ゼミの活動の中でみんなで本をつくる活動をしました。『まちかどの経済学』というタイトルの本で、普段の生活の中で見つかるさまざまな疑問を経済学の視点から紐解いていくという内容です。

「普段の生活で見つかる疑問」とは、たとえば？

たとえば、「商店街にある八百屋さんのカボチャ1個の値段はどう決まっているのか？」といった本当に素朴な疑問から始まって、青果店の経営者に「実際のところどうやって決めているのか」について取材もしたりしています。

経済学の教科書で行われている説明と、現実の経済活動のギャップを埋めるところがウリなんです。

はい。

 そして私は、実際に自分で書くことも好きですが、それよりも企画全体を管理するところが**みんなよりも相対的に得意**なことがわかってきて、途中から実質的にその本のプロジェクトリーダーの役割を果たしました。まぁ管理っていっても、みんなの得意分野を考えて仕事を割り振って、締め切り前にリマインドして、締め切りをすぎたら催促してという地道な仕事ですが。

そしてこんな取り組みをもっとやりたいし、できるって思ったんです。それが編集という仕事に興味を持った出来事でした。

その後は、個人でウェブ記事を書いたりしてきました。でも、書籍の規模での取り組みは、1回やっただけなんで、**まだまだ勉強しないといけないことがたくさんあります。**

 なるほど。とても面白そうな経験ですね。そして、神保さんの**編集への思いはそこから生まれた**んですね。

 はい。とても勉強になりましたし、実際に就職活動でも、この経験を強調して自己PRをしていました。自信を持って話すことができましたし、面接官の方々も興味を持って聞いてくれたように思っています。

 とても興味深いお話です。それでは演習2のほうはいかがですか？

 これは難しかったので、本やネットでも調べてみました。

そうしたら、アメリカの企業では、**すでに文章の構成はAI（Artificial**

Intelligence＝人工知能）に任せるようになって編集者を解雇している
なんてニュースもでてきて、結構不安になりました。

その一方で、**人間にしかできないこともある**と思います。きっとそれは、
既存の要素の焼き直しや組み合わせではない、新しい企画を生み出すこと
だと考えたのですが、具体的な内容は……、わかりませんでした。

 それでは編集者の仕事は、20年後もあると思いますか？

 20年後ですか……。あるとは思います。でも、仕事内容はさらに変わっ
ているはずです。

そのような変化に備えるためにも、やっぱり代わりのきかない人間になら
ないといけないよなと思いました。それは、才能ある小説家になるとか、
クリエイターになるといったレベルではなくても、**まずは入社した企業や
業界の中で「この仕事は彼女に頼まないと」と指名されるようになる**必要
があります。

そのためには、まずは入った会社で仕事をきちんとこなしていくことが大
事だと考えさせられました。

 神保さんは、本当によく考えていますね。

いろいろな仕事がAIにより取って代わられる、これまで人間がやってい
た仕事が失われるなどと言われていますが、その**変化は誰にも予想がつか
ない**部分があります。

「私なら予想ができる」という人もいるかもしれません。しかし、**いまか**

ら10年前のことを思い出してください。その頃にいまのテクノロジーや生活、社会環境を予想できましたか？　おそらくほとんどの人は予想もしていなかった変化に直面しているはずです。

そうですね。地上波のテレビ以上に動画配信サービスを利用するようになったのも最近ですし、そもそも新型コロナの問題で生活が一変しました。オンライン授業もふつうのことになりました。これは予想していませんでした。

はい。変化は予想が難しい。それでも、**自分のキャリアを自分で考えていく、つくっていくという姿勢**がこれからの時代、とても大切になります。

そして、働き出してから直面する大きな変化として、神保さん自身の**ライフイベントもこの先たくさんある**でしょう。そのときに、きっと働き方についても迷うことがあるはずです。

そうですね。いまは、全然考えられないですけど、**結婚や出産もするのかなぁ。**

そうすると、そのときには働き方は、変わるというか、変えないといけなくなるかもしれませんね。

その通りです。そして、**自分の働き方を自分だけでは決められなくなるでしょう。家族とよく話し合うことが必要になります。**

しかし現時点では、やはり自分のキャリアについて自分自身で考えておくことが大切です。そこで、次はもう1つ、神保さんに書いてみてほしい演習があります。

その会社であなたのキャリアをつくれるか？

 ここからは、編集の仕事を選んだとして、**どのように仕事ができるように なっていくのか、なりたいのか**という**キャリアプラン**を書いてもらいまし ょう。

 わかりました。やってみます。

 その際に注意点が１つあります。**現実的な範囲での努力目標を設定してほ しい**のです。

たとえば、編集の仕事に就くことになったほかの学生が、キャリアプラン に「３年以内にトップ編集者になり、５年で社長になります」と書いてい たとします。どう思いますか？

 えっ！　それはさすがに無理ですよね。非現実的ですし、そもそも業界の ことがわかっていないと思います。

 そうですね。実現できないことを書いても、目標を達成するためにどんな 取り組みが必要なのかを検討することもできません。よって**現実的に可能 な範囲で、しかし、チャレンジ精神のある意欲的なプラン**を考えるといい でしょう。

この演習をやると、Ｂ出版を選択したらどのような働き方になるのか、見 えてくるものがあるはずですよ。

演習3：キャリアプラン

これからどのような仕事をしたいのか、また達成したい目標を考えて、キャリアプランをつくってみよう。具体的に、3年・5年・10年以内に実現したいことを考えよう。

現在の私の目標	
3年以内	仕事の内容
5年以内	仕事の内容
10年以内	仕事の内容

演習4：アクションプラン

自分のキャリアプランを実現するために、どのような取り組みをするのか。会社の中で行う活動と個人として行うものを分けて、アクションプランをつくってみよう。

会社の中で行うこと	
3年以内	
5年以内	
10年以内	
個人として行うこと	
3年以内	
5年以内	
10年以内	
その準備として、今できること・しなければいけないこと	

はい、わかりました。やってみます。

> さくらは真剣な顔でプリントに書き込んでいます。
> 10分くらい経ったところで、顔を上げました。

 どうですか。書けましたか？

 できました！　これが、いまの時点での私のキャリアプランです。

 はい。えーと……。

> 高橋さんは、何かメモをとりながら、
> さくらが書いた演習シートを読んでいます。

 よく書けていますね。これをどのように考えて書いたのか、少し説明していただけますか？

 演習2で**技術進歩により仕事が代替される可能性**について考えました。そこから**自分で自分の仕事をつくっていけるようになる**という視点が重要だと考えて、今回の課題を書いています。

あと、**個人としてやりたいこととして、結婚や子育て**も書きました。その頃には、きっと家庭が大切になるだろうから、場合によっては**転職や独立もできるようなスキルを身につけておきたい**という思いもあります。

 なるほど。個人のライフプランも踏まえて書いてくれたのですね。そのほうが具体的になりますね。

演習3：キャリアプラン

これからどのような仕事をしたいのか、また達成したい目標を考えて、キャリアプランをつくってみよう。具体的に、3年・5年・10年以内に実現したいことを考えよう。

現在の私の目標	
	自分で、企画立案したテーマで、本(または雑誌の特集など)をつくる。独立しても大丈夫なスキルをつける！会社内・業界で仕事を任せられる、任せたい人になる！
	仕事の内容
3年以内	編集の仕事を覚える。社会人のマナー、ルールを身につける。
	仕事の内容
5年以内	編集者として一人前になる。自分の企画を担当する。
	仕事の内容
10年以内	1つのコンテンツを任せられるようになり、自分の数字をもてるようになる。→雑誌とか本の運作とか。

演習4：アクションプラン

自分のキャリアプランを実現するために、どのような取り組みをするのか。会社の中で行う活動と個人として行うものを分けて、アクションプランをつくってみよう。

会社の中で行うこと	
3年以内	先パイのアドバイス、指導をきく。企画をだすチャレンジをする。
5年以内	一通りの仕事ができるように。社内・社外のネットワークをつくる。
10年以内	子育てと仕事を両立する。

個人として行うこと	
3年以内	・仕事に限ったことに、常にアンテナをはる。・いろいろな人々と交流して、勉強する。
5年以内	・社外でも自分のやりたいこと好きなことをつづける。(ブログなど)
10年以内	・結婚、出産、子育て、仕事　いつか蓄積したものを仕事にもつなげたい！

その準備として、今できること・しなければいけないこと
・好きなことはつづける。・大学内外の人々との交流を大切にする。

神保さん、ここまで書いてみてどうでした？

 はい。少なくとも現時点での私の希望というか、計画が書けました。思ったよりスラスラと書けたのも意外でした。でも……。

 でも？

 はい。**私がやりたいのは編集の仕事**なんです。それは自分でもわかっていて、変わらないんです。自分で面白いな、知りたいなと思うものや人を探してきて、取材して発信する。また、それらを**たくさんの人々と関わりながら、一緒につくっていきたい**と思っています。

 はい。その思いが伝わったからこそ、B出版は神保さんと一緒に働きたいと考えたのでしょうね。

 ありがとうございます。それでも……、A損保のことなんです。

求められて働くことの幸せとは？

 A損保は「ぜひ一緒に働きたい」と言ってくれています。就活でも、私の行動力や積極的な姿勢をとても評価してくれました。損保の仕事は、いまはきちんとは理解できていないかもしれませんが、フォローしてくれる先輩もたくさんいるだろうし、不安はありません。

こうやって、**人に「必要です」と求められて働くのが、じつは幸せなんじゃないか**と思って……。

B出版も神保さんを必要としているのでは？

 はい。もちろん内々定を出してもらったから、必要としてくれているとは思います。でも社内の雰囲気からしても、みんなが助け合うというよりは、社員は1人ひとりが個人で動いている感じなんです。あと「仕事は教えないから見て学べ」っていう方針みたいで。

演習2で技術進歩について調べたとき、すでに本気でやろうと思えば**誰でもやりたいことができる世界になっている**と思いました。私自身も、いまは大学生ですが、ウェブ記事のライターの仕事をやったことがありますし、読んだ本や観た映画の感想などをブログに書いています。またネットで世界中の人々と意見を交換することだってできるわけです。

つまり、A損保に勤めながら、**副業としてや趣味として編集の仕事ができる時代**なんだよなぁと思って……。

 なるほど。神保さんには、やりたいことがある。そして、それを形にする行動力もあるからこそ、迷っているのですね。

どちらを選んだほうがよいというアドバイスは、私からはできません。どうですか。ご自身で決められそうですか？

 はい。今日お話しさせていただいて、**いろいろと整理できました。もう大丈夫です。あとは自分で決められます。**

キャリアは続いていくもの

神保さん。この**キャリアプランというのは**、社会人になったあとも節目節目で見直して**書き直したり、追加したりするもの**です。3年、5年、10年のタイミングでもいいですし、迷ったときでも、転職しようかなと考えたときでも見直してみるといいと思います。

また結果的に、キャリアプランの通りになっていなくても、もちろん構いません。大事なのは、節目節目に**自分のキャリアを棚卸しして、見直したり修正したりすること**により、**できたこと・頑張りたいこと・必要ないことなどを客観視する**ところです。

さらに、その時代の変化により追加する事項や大幅な方針転換があるかもしれません。いつでも変えることは可能なのです。

はい。

これからさまざまな変化や意思決定の場面に直面することでしょう。その際に忘れないでほしいのは、次の2点です。

1点目は、神保さんの歩む**キャリアは自分自身のものである**ということです。家族や周りの人のアドバイスを聞くことは重要ですが、最後は自分で決断しなければなりません。

2点目は、神保さんが歩んでいく**キャリアは、たとえキャリアチェンジをしたとしても消えない**ということです。

無駄にならないという意味ですか？

 そうですね。わかりやすく言い換えてみましょう。

たとえば、頑張って貯めたお金は、使ったらなくなってしまいます。また自宅に置いておいたら泥棒に盗まれてしまうかもしれません。しかし、**キャリアというのはなくならないし、誰かが奪えるものでもありません。**自分の大事な資産として築いていくことを考えましょう。

そして、キャリアチェンジを考えるときには、これまでのキャリアを活かせないかを模索することが重要です。過去をリセットして新しいことをするというのではなく、**これまでの経験を活かすことで、新しい環境でも自分にしかできない役割が見つかるはず**です。

 わかりました。頑張ってみます。でも……、**本当だったら、就職活動をする前に、自分の将来についてここまでよく考える必要があったん**ですね。

どちらの会社を選ぶのかは、もう一度よく考えて決めます！　今日はありがとうございました。

 はい。これからの活躍を楽しみにしています。またお話を聞かせてくださいね。

第5話はここまでです。さくらさんと高橋さんの対話を通じて、皆さんは何を学びましたか？　重要なポイントをまとめておきましょう。

- 大企業は、雇用保障は強い代わりに、働き方の自由度が低いというトレードオフが存在しています。

- 自分のキャリアを自分で考えていく、つくっていくという姿勢がこれからの時代には必要です。
- すでに誰でもやりたいことができる世界になっていることから、やりたいことは副業や趣味にするという選択肢についても考える必要があります。

働き方の未来を考える

 こんにちは。神保さんから「相談に行ってよかった」という報告を受けました。ありがとうございました。

 はい。彼女は、とても真剣に自分のキャリアのことを考えていました。きっと悩みながらも、自分のキャリアを築いていけるはずです。

 そうですね。そうなるといいですね。

 さて、神保さんが迷っていたのは、わかりやすく対立の構造をまとめてしまえば、**安定した大企業とやりたい仕事ができる中小企業のどちらがよいか**という話でした。

中小企業のメリットとは？

 そこで今日は、大企業と中小企業について考えるところから始めましょう。

わかりました。それではこのような問題はどうでしょうか。

問17：大企業と中小企業を比較したときに、中小企業を選ぶことの
メリットとはどのようなものでしょうか。

まず大企業は、雇用は安定していても働き方の自由度が低いという点は、
神保さんとの対話の中で説明しました。

はい。

その観点からは、事業所が1つしかない場合などのように、転勤の可能性
が低いことなどが中小企業で働くことの具体的なメリットとして挙げられ
ます。

そうですね。また大企業に正社員として雇用される場合、特に**いわゆる
「総合職」として働く**のであれば、**入社後にすぐに希望の仕事に配属され
ること**は期待できません。

もちろん本人の希望は考慮されるものの、会社側の都合で配属先が決まり

ますし、まずは全員に現場の仕事を体験させるということも多いからです。そして数年おきに配置転換があり、せっかくうまくいっていた営業職から苦手な内勤の仕事に異動になるといったことも考えられます。

そこが就職活動をする学生にとって考えておくべき重要なポイントです。就活では、自己分析などを真剣に行って、まずは**自分のやりたいことを明確にすることが求められます**。そんな中で、採用面接のときに突然「入社して希望する配属にならなかったら、どうしますか？」と聞かれたら、ちょっと言葉につまることもありそうですよね。

そうですね。職種を限定した採用でない限り、大企業では配置転換は避けられません。そこで採用面接でそのような質問をされた場合には、

- やりたい仕事をうまくこなすには、会社内のさまざまな経験が必要になるから、与えられた仕事を頑張る
- 会社側も若手社員の向き不向きを考えて、また育成を考えて配属するのだから、その意図を理解しようと努力する

などと、前向きな答えをしなくてはいけないでしょうね。

はい。やはりそうなりますよね。

そもそも学生時代の希望というのは、**さまざまな仕事の面白いところも難しいところも理解しないままで、華やかに見える職種に興味を持つ傾向**があります。

これに対して労働人生は長いですから、**希望は変化します**。また当初の希望とは合っていなくても、**実際に仕事をこなしていくうちにそれが天職に**

なっていくこともあるでしょう。

日本的雇用慣行を理解する

 そうですね。というか、いままではそれが大半だったかもしれません。

人手不足だった高度経済成長期を想像してみればわかるように、**日本企業は、未経験者を一括で採用して、社内で教育訓練**をしました。そして大企業を中心として、**配置転換を通じて、その労働者に合った仕事を探していった**わけです。また能力が高い人が選抜されていき、管理職となることもあります。このような仕組み全体を指して、**「日本的雇用慣行」**と言います。

これは経験者採用が前提の国とは大きく異なるポイントです。仕事内容を特定せずに雇用契約を結ぶことで、配置転換の可能性がある。しかし、それにより社内で適職を探すことができる。また雇用保障が強いというメリットが労働者側にあるわけです。

 はい。また、新卒で大企業に入った人が、中途で中小企業やベンチャーへ転職するのはよくあることですが、反対に中小企業でキャリアを始めた人が、中途で大企業に入るのは難しいことがあります。その点には注意が必要です。

 しかし同時に、大手の場合、労働者にとって働き方の自由度は低いわけです。そして実際に、**志望と違う部署や仕事に配属されて、数年で辞めてしまう人もいます**。

大卒の新入社員のうち、**約3割は入社3年以内に辞める**というデータは有名ですね。中卒で7割、高卒で5割、大卒で3割という大まかな数字をまとめて「七五三」などと言うこともあります。

もちろん、離職する理由には労働条件や人間関係などさまざまなものがありますので、希望通りの仕事に就けなかったから辞めたという人ばかりではありません。しかしたとえば、厚生労働省が発表した「平成30年若年者雇用実態調査の概況」の表23を見ると、離職理由として「仕事が自分に合わない（20.1%）」「自分の技能・能力が活かせられなかった（7.7%）」「責任のある仕事を任されたかった（1.4%）」といった回答があります（複数回答3つまで）。

 そういった**入社後のミスマッチというのはどうしたら防げる**んでしょうか？

特に、大手企業に採用が決まるような学生は能力も高く意欲もあるでしょう。そのための自分なら希望する仕事ができるはずだと思ってしまうかもしれません。

しかし企業側からしたら、入社したての新人を最前線に立たせるわけにはいかないわけです。まずは現場で経験を積むことを要求したり、期待している社員には将来の管理職候補として多様な現場や仕事を経験させたりします。

でも、それが本人にうまく伝わらないこともありますし、希望と一致しないかもしない。非常に難しいですよね。

 この問題を軽減するためには、**企業側と学生側の双方が状況をよく理解す**

る必要があります。まず企業側は人手不足の時代に優秀な若手を採りたいからという理由で、**いろいろと大袈裟なことを言っている**かもしれません。一部の特殊なケースなのに、それを強調して、面白い仕事、希望の仕事にその学生が就けると誤解されるような言動はよくないですね。企業側も安請け合いせずに、十分に説明することが必要です。

「入社してしまえばこっちのもの」というスタンスでは、配属後に若手が離職してしまうでしょう。昔とは違い、転職のハードルは下がっていることを理解しなければなりません。そして短期での離職は企業にとっても大きな損失です。

この問題を避けるためには、企業としては採用担当者に対する評価基準をよく考える必要がありますね。たとえば、どの大学から何人採れたということだけを評価している企業もまだあるようですが、それだと無理してでも特定の大学の学生を採用したくなるかもしれません。そうではなく離職率まで考慮して採用担当者の評価をすることなどが考えられます。

 はい。

 同時に、学生側も、労働条件をよく理解する必要があります。

職種の限定がなく全国転勤の可能性がある会社に入っておいて「東京勤務でなかったから離職する」といった行動が報道されたことがありましたが、これも新入社員と会社の両方にとって不幸なことです。東京から離れたくないのであれば、それを条件にして仕事を探すべきです。

 そうですね。**仕事にこだわりがあるなら職種限定の採用を探す、特定の地域から離れられないなら転勤のない条件の会社を探す**ことをお勧めしま

す。

このような視点からは、繰り返しになりますが、**中小企業で働くことにも大きなメリット**があります。たとえば事業所が１つしかなければ、転勤の余地はありませんし、業務分担の範囲が良くも悪くも不明確で、やりたい仕事に少しずつ侵食していって、いつかは主担当になるといった作戦もとれます（笑）。

 その通りですね。

中小企業の存在意義とは？

 さて、神保さんのことなんですが、彼女が迷っているＢ出版はいわゆる中小企業です。

そして彼女が希望している編集の仕事は、新卒の就活においては非常に狭き門です。大手出版社になると激しい競争になりますし、小さいところだとそもそも新卒採用はやっていない。学生時代からアルバイトをしていてそのまま入るとか、中途採用でしか入れないといった職業です。

 はい。そういった意味でも神保さんは、よく考えて、上手に就職活動をしたと言えるでしょう。

 ここで一点疑問なのですが、中小企業の存在意義を経済学ではどのように説明するのでしょうか？

さまざまな分野で書籍や雑誌を出版している大手企業があるのと同時に、B出版のように専門的で小規模の会社もあります。

そうですね。経済学では**「企業の境界」**という議論があります。どこまでを自社の中でやって、どこからは外の企業に依頼したり市場で調達したりするのか。それはどちらのほうがコストが安いのかで決まるといった話です。

そして大企業は、優秀な人材を確保できるなど経営資源が充実している、また資金力もあり必要な分野に投資しやすいなどのメリットがありますが、反対に中小企業には、意思決定が迅速で経営に小回りが利くといったメリットがあるわけです。

だから、両方が同時に存在しているわけですね。

ところで、いま私たちは中小企業への就職という話をしていますが、**学生はどうすれば良い中小企業に出会うことができる**のでしょうか？

中小企業の探し方

それでは次の問題はそれにしましょう。

問18：多くの学生は、一般消費者向けの商品やサービスを提供しているいわゆるB to C（Business to Consumer）の企業ばかりを見てしまいます。就職ランキングなどで名前が挙がるのも、やはり有名企業ばかりです。世間では中小企業への就職のススメみたいなことも言

> われていますけど、どうすれば良い会社を見つけることができるので
> しょうか。

 これは安藤先生のほうが詳しいはずです（笑）。

 そうですね。中小企業だけでなく、B to B（企業間取引）で優れた会社を
学生が知るのは難しいですね。

私のお勧めは、**大学の就職活動を支援する部署であるキャリアセンターな
どに行き、自分の大学の採用実績を見てみる**ことです。実際に先輩が採用
されたことから、採用される可能性が十分にある企業ですね。

 そういった取り組みは効果的ですね。あとは、**キャリアセンターの担当者
に直接相談する**ことも重要だと思います。

大学4年生の春先になると、だんだんと周りの友達が内々定をもらい始め
てきて、すごく焦ると思うんですよ。人によっては、冷静に就活を進めら
れない心理状態になってしまう可能性もあります。そのときに相談できる
大人がいるというのは安心につながります。

はい。

ほかに私が学生にお勧めしている方法としては、合同企業説明会のようなイベントに行って、**学生の数ができるだけ少ないブースでじっくり話を聞いてみる**というやり方があります。

多くの学生は、大手企業や興味がある業界の会社の話を聞きに行きますから、特定のブースは非常に混雑しているのに、隣の企業は学生が誰もいないなんてこともありますよね。

そうなんです。そこで業界も何も限定せずに、採用担当者と直接話ができそうなところに飛び込んでみる。そうすると担当者側も、喜んで丁寧に説明してくれるはずです。

そんな取り組みを通じて、仮にその会社には興味を持てなくても、**知らなかった新しい仕事に出会えるかもしれません。**

面白いですが、そのやり方は運の要素も大きいですね。

はい。でも私たちの意思決定は、現実には運の要素がかなり大きいのではないかと思います。

たとえば、家を借りて住むというときに、大まかなエリアを決めてから不動産屋さんに行って、一緒に探してもらうわけです。ネットで直接物件を探してから行くこともできますが、いずれにしても内覧できる数はそれほど多くありません。

その出会ったいくつかの物件の中で最も良いと思ったところに決めてしま

うということは、よくある家探しの方法ですよね。

はい。もしかしたらもっと良い家があるかもしれませんが、すべての空き物件を全部把握することも、また見て回ることもできませんから。

それと同様に、すべての業界や企業を知ることはできないことを前提として、**世の中にどんな仕事があるのかを、より広く把握できればそれで十分にメリットがある**と思います。

そうですね。

それでは少し話を変えて、技術進歩により仕事が失われていくといった変化について考えてみませんか。問題は、こんな感じです。

> 問19：技術進歩によって労働者が仕事を失う技術的失業は、これからの社会で大きな問題を生み出すことになります。私たちは働き出してから、1人の労働者として、どのように備えればよいのでしょうか？

いい質問ですね。

技術的失業に備える

神保さんに取り組んでもらった演習でも、労働者のスキルが技術進歩により代替される可能性について考えました。いままで人間がやっていたことがコンピューターやAIでできるようになると、社会人の働き方はもちろ

んのこと、新卒の就職活動にも大きく影響します。

そこで、まず安藤先生に伺いたいのは、**技術進歩で自分の仕事が失われるかどうかは、どうやったらわかる**のでしょうか？　より正確には、どの程度予測できるのかについて、先生はどう思いますか。

 まず、**未来の正確な予測はできません。**もしできたら大金持ちになれます（笑）。

とはいっても、何年何カ月後とまでは確定できなくても、**失われる仕事について考えることはできます。**

すでに**自動運転車の技術**は進化し、数年後にはタクシー・バス・トラックのドライバーの仕事がなくなることが予想されています。2020年の８月時点ですでに、アメリカや中国の一部地域では自動運転タクシーが営業を開始していますね。また**自動翻訳や通訳の技術**も進歩しています。それにより語学の専門家の仕事がかなりの割合で失われることになるでしょう。

 YouTubeなどでも、音声から自動で字幕を付けるだけでなく、自動翻訳して字幕を表示する機能がありますよね。

 ちなみに、立体映像を空間上に映し出す3Dホログラムの技術と、この自動翻訳を組み合わせれば、私を含む大学教員の仕事も大幅に削減されるかもしれません。たとえば、英語しか話すことができない優秀な研究者がインドにいたとして、この人が日本の大学で、日本語で講義をすることなども可能になるからです。本人はインドにいたまま、高速インターネット回線で3D動画を学生の目の前に表示できますから。

これまでは**日本語という言葉の壁**が、日本の労働市場においてはかなりの**参入障壁として機能**していました。しかし、それがいま失われようとしているのです。

このような技術の進歩をきっかけとして仕事がなくなってしまうこと、失業が発生することを**「技術的失業」**と言いますが、この技術的失業の懸念は、私自身も現実的な問題として感じています。

 しかし、ドライバーの仕事も翻訳や通訳の仕事も、現在はまだ必要です。

 はい。難しいのは、このような技術進歩により、**ある日突然、これまで人間がやっていた仕事がなくなる**ことです。**しかし、その直前までは必要な仕事なので誰かがやらなければならない。**

そこで働くすべての人に求められているのは、**定期的に自分の仕事を振り返ってみること**です。いまの自分の仕事内容やそこで使っている技術について、1年後などの近い未来にどのような変化があるのかを考えてみましょう。

また働くうえで、これからは**複数のスキルや職業を持つ**ことが重要になります。言い換えると、特定分野のトップランナーとして活躍する一握りの人材でない限り、専門性が1つだと厳しい時代になるでしょう。

1つの分野で上位1%に入るのは相当に難しいことです。しかし、上位20%に入ることは努力で実現できるかもしれません。そして**上位20%に入るスキルが3つあれば**、それぞれが仮に独立だとしてですが、0.2の3乗で0.008。つまり**1%未満の希少性を持つ人材になる**ことができます。

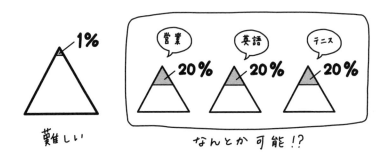

なるほど。ところで技術進歩については、それにより**仕事が奪われる面だけでなく、仕事が楽になる要素も考えられますね。**

たとえば力仕事をサポートできる装着型のロボットなどを使うことで、介護の仕事における肉体的な負荷が大幅に減ることが期待されています。

そうですね。**日常のニュースなどで見聞きする新技術について、自分の仕事に活用できないかを考えてみる**ことは有益でしょうね。

そもそもパソコンなども、私が大学生だった25年前とは桁違いに高性能になり価格も安くなりました。そしてさまざまなソフトウェアが安価に、または無償で利用できます。私も最近はオンデマンド型講義の準備で、動画を作成・編集する技術など、さまざまなことを学びました。

やりたい仕事はやってみよう

その話は、学生の就職活動にも大きく関係しています。

いまの時代は、すでにいろいろなことを、**学生だろうが誰だろうが、やろうと思えばできる**ようになっています。たとえば、神保さんも言ってましたが、いまはブログやSNSで個人的に情報発信することが可能です。それが本の出版につながったり、メディアへの露出へつながって仕事になったりする時代になりました。

そうなってくると、就職活動における面接の質問としても「志望している職種について、これまでに何をやりましたか？」ということが重要になるかもしれません。学生の側も会社に入ってからやりたいというのではなく、**すでにやっていることが前提になってくる**わけです。

まさにそう思います。人気がある業界では、それが志望企業に入るための第一関門になるかもしれません。つまりは経験者採用が一般化するわけです。

以前は、ほとんどの仕事において**プロとそれ以外の人で情報や技術面での格差が大きかった**んですよね。そのために会社に入らないと学べないことがたくさんあったわけです。

しかし技術進歩により、ハードルが下がってきました。いまは誰でも、映像は撮れるし、編集はできるし、発信はできるし……。

そうですね。さらに言うと、「これまでに何をやりましたか？」という質問に、仮に「〇〇をやりました」と答えられるとしたら、次は「もうすでに自分でやっているのに、なぜ当社を志望しているのですか？」という質問が続きますよね。

いままで、就職活動において**企業研究は志望理由を答えるために必要なも**

のでした。特に、業界でトップの企業以外に対して「なぜその会社で働きたいのか」を伝えるためには、その会社の特徴や展開している事業、社風を調べて、**その会社でなくてはならない理由**を考えて答える必要がありました。

でも、技術革新が進むいまは、**「自分でできるのに（またはやっているのに）なぜ当社に入社したいのか？」** という質問にも答える必要があります。

 はい。これは、非常に難しいですよね。

そもそも、どうしてやりたいことを仕事にしたいのか。神保さんが悩んだように、**好きなことは副業や趣味として続けることもできる**わけです。安定した本業が別にあって、小説や漫画、イラストを描く人もたくさんいます。

また、いきなり自営業としてスタートすることだって考えられます。

雇われて働くことの意味とは？

 それではこれをこの回の最後の質問にしましょう。

問20：いつかは起業したいと考える人であっても、新卒のときにはまずは企業に就職することがこれまでは一般的でした。しかし現在は、フリーランスやギグワーク（雇用関係にはない一時的な仕事）で働く人も増えています。私たちはこれからも企業に雇われて働くので

しょうか。

はい。まず、すべてのことを1人で行うのは現実的ではありません。人間は他人と分業することで、生活が豊かになってきたという歴史的な事実があります。これは相対的に得意な分野に集中できるだけでなく、同じ仕事を集中的にまとめて行うことで効率性が上がることも理由となります。

そして、中小企業が存在している理由のところでも触れたように、その分業を市場取引としてバラバラに行うのではなく、**組織の内部取引として仕事をすることのメリット**が重要になるわけです。

組織に属するというのは、単に安定や安全を得るためではないのです。もちろん安定も重要ですし、そこは否定しません。しかし**「安定しているから」という理由だけで志望してくる学生を採用したいとは企業は思わない**でしょう。

はい。「会社に入ればチームで働くことができる」、また「規模（金額も含む）が違う仕事ができる」など、うまく答えることが求められますね。

それでは、**技術進歩が採用に与える影響**についてはいかがでしょうか。最近では、**採用活動でもAIが活用されている**ようです。また安藤先生が2017年に書いた「技術進歩がもたらす働き方の未来と不安」という記事も読みました。

ありがとうございます。

そもそも採用決定の際に、人間の判断よりもテストによる客観的な点数のほうが有用であるという研究結果は有名ですし、データに基づく採用決定

はこれからさらに普及していくはずです。

 しかし、そういったデータによる採用活動が進むと、先生の記事にもあったように**「AIの顔色をうかがう」**ことが必要になりかねません。

 そうですね。AIの判断は、学習が進むにつれて人間よりも高いパフォーマンスを発揮するようになります。これは医療の分野などでも顕著であり、2020年1月にNature誌に掲載された論文では、乳がんの画像診断において平均的な医師よりもAIのほうが優位に正確な判断ができることが報告されています。

これからは採用や昇進の意思決定についても、労働者の属性に関するさまざまなデータを分析することで、成果を上げることができるでしょう。

しかしAIによる判断には、差別を助長するという問題が指摘されています。また過去の事例とまったく異なる性質を持つ人は、じつは活躍できる素質があっても選ばれないことが考えられます。

もちろん新技術を安易に否定するのではなく、**どのように使いこなしてい**

くのかが問われています。そして場合によっては、**適切な規制が必要かも
しれません。**

 なるほど。近年、技術進歩が急速に進んでいるわけですが、採用活動も決
して例外ではないことがわかりました。

 ありがとうございました。

【安藤先生の就活ひとことメモ】

 急速な技術進歩により、
これまで人間がやっていた仕事が失われる半面、
新たに生み出される仕事もあります。どんな仕事でしょうか?
私たちは、働き方の変化について、考え続ける必要があります。

僕、決めました。

就職活動、始めます。

最終話では、リノベーション会社に興味を持っていた大輔が再び登場します。彼ももう3年生になりました。まずは尊敬する先輩にお願いして、直接話を聞かせてもらうところから始まります。いま大輔は、就活にどのように向き合っているのでしょうか。

 こんにちは。明日香さん、今日はありがとうございます。忙しいのにすみません。仕事はどうですか？

 こんにちは。今日はそんなには忙しくないから大丈夫だよ。仕事？　仕事はまあまあ順調ってところかなぁ……（笑）。

 そうですか。以前、僕は明日香さんから「家は、お客様にとって人生で最大の買い物だし、正解がない難しい仕事だけど、お客様に認められたときの達成感は大きい」という話を聞いて、**不動産業で働くのも楽しそうだなぁと思ったんです。**

その後も少しずつ調べているので、今日はいろいろと教えてください。

 そうなんだ。あれは、ちょうど１年前くらいだよね。いまは、マンションのリノベーション担当になっていて、中古マンションの部屋をどういう感じに作り替えたらいいのかについて、企画を考えているところ。こんなのは買取再販っていうんだけど、わかる？

 はい、わかります。

 だから、神田くんに話した１年前のように、お客様の話を聞きながらリノベーションしていくのとは違う仕事になっちゃった。**この部門に移ってまだあまり経っていないから、まだ修行中**ってところかな。だからちょっと

大変なんだよね。

 ふーん。リノベーションの会社といっても、仕事は1種類だけではなく、別の仕事もするんですね。

大変というのは、具体的にどういう点が大変なんですか？

若手社員にとって大変なこととは？

 うーん。うまく時間を使えないことかなぁ……。まだ仕事を全部覚え切れてないから、迷うことがあるし、そんなときは上司に確認したり、調べたりすると時間がかかってしまって。

あと**5年目だと、社内ではまだまだ若手に入る**から、社内の雑用もやることになって、本来の仕事ができないこともあるかな。結果的に、いろいろなことに時間がかかってしまうんだよね。

 へー、いろいろあるんですね。ところで僕も就職活動、始めたんです。

明日香さんから話を聞いたことがきっかけで、**ハウスメーカーやリノベーションをやっている会社も受けてみよう**と思っています。

 あ、そうなんだ。さっきまでの話はちょっと愚痴みたいになっちゃったけど、働くのは楽しいし、自分で稼いだお金で好きなものを買えたり遊んだりできるのは、学生時代とは違って、面白いよ！

> その後も2人の話は続きました。
> 1時間ほど経ったところで、明日香さんが時計をチラッと見ました。

 今日はこのくらいかな。まだ打ち合わせがあって戻らないと。

就活、頑張ってね。もし、もっと話をしたほうがよければ時間をつくるから、連絡してね。

 ありがとうございます。よろしくお願いします。

> 数日が経ちました。大輔は久しぶりにキャリアコンサルタントの
> 高橋さんと面談の約束をしました。今日はおよそ1年ぶりの再会です。

 こんにちは。今日はありがとうございます。

そろそろ就活を本格的に始めようと思っています。大学3年生の6月なんで、まずはインターンシップに申し込むことを考えています。

業界的には、やはりゼミの先輩の話が印象に残っているのもあって、ハウスメーカーやリノベーション業界を中心にエントリーする予定です。

 いよいよですね。神田さんは、**早い段階から就職活動について考えていた**ようですし、順調に進めていけそうですね。

 はい。1年くらい前に高橋さんに初めて面談してもらって、その後も自己PRや志望動機については考えてきたので、違和感なく進めていけると思います。あと、就職活動までに「できそうなこと」も、ある程度は実現できました。

255

ただ先日、Dリノベーションで働いている先輩にお願いして会ってもらったんですが、そのときにちょっと感じたことがあって……。

 感じたこと?　なんでしょうか。

 以前、ゼミのOB・OG会で先輩の話を聞いたときには、先輩からは仕事のやりがいや楽しさだけが伝わってきました。でも、先日話したときは、**楽しいけど大変なことも多い**、というようなことも言っていたんです。時間がうまく使えなくて大変だという感じで。それで、これから就職活動を始めようというところなのに、**働くのが少し不安になりました。**

 先輩は、今何年目なのでしょうか?

 えっと、たしか5年目だったと思います。**社会人5年目というと**、僕からしたらもう**「超社会人」って感じ**で、自分でバリバリ仕事をしていて、楽しい毎日しか送ってないイメージなんですけどねぇ……。

 「超社会人」ですか……（笑）。

そうですね。その会社の年齢構成まではわかりませんが、平均的な日本企業だとすると、**5年目ともなると非常に忙しいかもしれませんね。**

5年目というのは、まだまだ若手扱いされるけれども、自分の仕事もたくさん増えます。また同時に責任も重くなってくる頃です。充実もしているけれども、非常に多忙な毎日を過ごしているかもしれませんね。

 ふーん。そうなんですね。いまから就職活動を始める僕からすると、ちょっと想像がつきません。

 まだ働いていませんから、想像がつかないのは仕方がないことです。そして、就職活動の段階では、神田さんのような**楽観的な考え方も大事**です。

過剰に仕事が大変そうだと思ってしまうと、就職活動自体にやる気を失ってしまいますからね。それに実際、自分で仕事ができるようになると、達成感を多く得られます。きっと、**先輩が「働くのは楽しい」と言っていたのは本音**だと思いますよ。

 そうですか。少し安心しました。

ところで、前回の面談時に、就職活動までに「できそうなこと」についてお話ししました。そのときに書いた僕の「できそうなこと」はこんな内容でした。

これから 何 ができるのか？

・ゼミでの仕事
　　たとえば、ゼミ長や副ゼミ長 に立候補する。
　　ゼミの運営 を がんばる。

・自分の専門 といえる 分野 を作る
　　ゼミの研究活動 に 真剣 にとりくむ。

・高校 から 続けている 野球 は、やめない
　　チームワーク を大切にする。

・居酒屋 の アルバイト も 続ける
　　新人 の 指導 を 率先 にてやる。

 はい、覚えていますよ。

一歩を踏み出す勇気

 じつは、ここに書いてあるほぼすべてのことが実現できるように、いま、うまく活動できているんです。あのあと、すぐにゼミ長を決めるゼミ会があったんです。ちょっと恥ずかしかったですけど、ゼミ長に立候補したら、すんなり決まりました（笑）。

ほかの学生から反対されたらどうしようとか、当日の朝までいろいろと考えていたんですけど、**思いのほか何もなくあっさり決まってしまいました。**

 それはよかったですね。

 そしていまは、ゼミ長になったことを機に、ゼミ生が意見交換をしやすくするように頑張っています。あ、ゼミ長といっても、各学年にゼミ長がいるので、自分がリーダーというよりは学年代表って感じですが。

 どんなことをやっているのですか?

 はい。まずはゼミで使っているコミュニケーションツールの活性化を考えて、**毎日1件は記事を投稿する**ようにしました。毎日何かあると思えば、みんな見てくれると思ったんです。そこで就活関係の面白い記事を解説付きで投稿したり、ゼミで扱った内容と関連する具体例なんかを掲載したりって感じです。そうしたら、ほかの学生も反応するだけでなく書き込んでくれるようになりました。

あとは、ゼミの中で**自由参加ですけど勉強会をつくりました**。まずは週1だけですけど、オンライン会議室にみんなで集まって、でも、みんなバラバラに自分の勉強をするんです。カメラだけオンにして。

ふつうならみんなで勉強するのが勉強会ですが、これは、この時間は勉強とか作業をするってことにコミットすることに意味があります。前のときに高橋さんに教えてもらったコミットメントをうまく応用できているかなと思います(笑)。

 面白い取り組みですね。

 あとは、野球も一応は続けていますし、バイトも……。新型コロナでいろいろと制約がありますが、**小さなことでいいからできることを見つけて、それを確実にやるというのを大事に**しています。

ほら新型コロナでオンライン講義も増えましたし、試験だってオンラインです。それだと講義がわかりにくいとか、試験でもルールを守らずに友人とこっそり相談して解答している学生がいるとか、みんな不満があるんですよね。

でも、そこで新しい環境に戸惑い、不平不満を言っておしまいか、それとも、**より良い結果を出すために、できる範囲での勉強をして、新技術などもどんどん使ってみてっていう学生**のどちらと企業は一緒に働きたいか。それを考えると、どう考えてもあとのほうなんです。**僕だって、一緒に働くならそんな人のほうがいいですから。**

神田さん、成長しましたね。前回会ったときよりもとても魅力的になっていると思いますよ。そして、とても充実した就職活動のスタートを切れていることが十分に伝わってきました。

初めは「就職活動のために」ということだったかもしれませんが、神田さん自身の**物事の見方や考え方も変化している**ようですし、学生生活がとても充実したものになりつつあることもよかったと思っています。

そうですねぇ……。僕も最初は、就職活動がうまくいかなかったらどうしようとか、自分はセコセコと就職活動をするタイプではなくて何かできることがあるんじゃないかとか、頭でっかちになっていたような気がします。

そのくせ、自己PRや志望動機に書けることないなぁという自分に焦ってもいましたし、勉強も足りてなかったと思います。

でも、自分に足りないところを気づけたことで、**まずは「できそうなこと」をやってみるという思考**にもなれたと思っています。

経験から来る自信

 そうですね。いまの神田さんからは自信が伝わってきます。どんな小さなことでもいいので、**何かを成し遂げた経験を増やしていくことからくる自信というのは、相手に伝わる**ものなんです。

 そうですかね（照）。

あとは、ゼミの安藤先生が勉強法について教えてくれたのがとても役に立っています。ゼミでゲーム理論について勉強したときに「とりあえず資料を作って説明して終わりじゃあもったいない。ここがわかったと言うためには、最低でも、**何も資料を見ずに黒板やノートで内容を再現できないといけない**」とか、「教科書の**目次だけを見ながら、どんな内容が書いてあるのかを説明できないと読んだとは言えない**」とか言っていたんです。

それを聞いたときは、「そりゃ先生は勉強が得意だから大学の教授をやっているんだろうし、何無理なこと言ってんの!?」という反応だったんです。実際のところ僕もそうでした。

 確かに、そう言われてすぐに「じゃあ、やります」とはならなそうですね。

 はい。**でもやってみたんです。**最初は、「囚人のジレンマ」ってタイトルだけ書いて、その内容を説明してみました。で、ちょっとわからないから教科書を見て、「あー」ってなって。それでもう1回、A4のコピー用紙に書いてみる。それをやってみると慣れてくるんですね、人間て。

そして、だんだんと前には見えていなかったものが見えてくるんです。何度も書いているだけで。写経？ってこんな感じなんですかね。

 そうですね（笑）。

 そのあとは、安藤先生のゼミの内容だけではなく、ほかの講義などでもノートをとるのが楽しくなりました。書き写しているときにわからないところがあっても、あとで頑張って解読すれば、ちゃんと「わかった！」ってなるという自信みたいのがあるからです。

というか、**勉強してわかるってこんなに楽しい**んだって、初めて感じたのかもしれません。

 それはとても良い経験でしたね。**これからの変化が激しい時代に活躍するためには、**

- 悲観的にならず前向きであること
- 新しいことを積極的に学ぼうとする学習能力の高さ
- 周囲を巻き込んで環境を改善していく力

といったものが求められます。いまの話からも、神田さんには、そのような力が身についてきていると感じました。

 はい。まだまだですが、これから頑張っていきたいと思います。

 それでは、今日は何の相談ですか？

 えーと、インターンシップについて、**自分の考え方を整理してきたので話**

262

を聞いていただけませんか？

いいですね。前に会ったときは「どうすればいいか教えてください」という言い方だったのが、ずいぶん変わりました（笑）。

はい……。それでですね、インターンシップ先の企業の選び方として、僕はこういう基準を考えたんですが、聞いてください。

> まだまだ大輔の相談は続きそうです。
> 相談を受けている高橋さんも、真剣な表情で聞き入っています。
> 大輔のこれからの就活はどうなるでしょうか。
> 課題もあるかもしれませんが、彼ならきっとうまく乗り切れそうですね。

就職活動は変わるのか？

 こんにちは。神田さんも本格的に就職活動が始まったようですね。

 はい。1年くらい前に会ったときと比較して、**ずいぶんと成長していて驚かされました。**以前から就職活動について関心が高かった神田さんですので、きっと大丈夫だと思います。順調に進むことを祈っています。

 さて今回は、就職活動全体について一緒に考えていきたいと思います。いつものように質問形式でやっていきましょう。

 はい。よろしくお願いします。

就職活動の歴史

 まずは新卒一括採用についてです。

問21：新卒一括採用が抱える問題点を指摘する声は以前からあります。また外国では経験者採用が標準的であり、日本の労働市場は特殊

だという話もあります。しかし日本では、一括採用がなくなる気配はありません。これからも続くのでしょうか？

 そもそも就職活動の起源というのは、明治時代だと言われていますよね。三菱や三井といった大きな会社から始まり、第二次世界大戦後の経済復興の**人手不足で企業の人材獲得競争が本格化**しました。

そして、1953年に政府と会社と大学とで選考の開始日を決めた「就職協定」が始まりました。これは1997年に廃止になりましたが、その後もさまざまな形で企業の採用活動に対して基準を設けようとする動きが続いています。

新卒採用が普及すると、それに合わせて日本型の雇用慣行も確立されていきました。また、**インターネットの普及に伴い企業と学生が直接つながれるようになった**ことも、新卒採用をより強固なものにしましたね。

 はい。そもそも人手不足だからこそ新卒の未経験者でも雇うわけですね。集団就職とか金の卵とか社会科の教科書で読んだことがある人も多いでしょう。

そして**日本的雇用慣行とは、（1）長期雇用、（2）年功賃金、（3）企業別組合のこと**を指しますが、これらも人手不足や新卒一括採用と強く結びついたものになっています。

 そうですね。

 まず未経験者を雇って社内で育てるのだから、すぐに辞められてしまっては困るということで、労働者から辞めたら損になる仕組みとして「年功賃

金」が用いられました。

これは、壮年期までは貢献度よりも低い賃金にしておいて、その後に取り戻すことができるようにした仕組みです。強制的に社内預金をさせられていて、定年まで働き続けたら取り返すことができるけれど、途中で辞めるとその社内預金分が返ってこないので、辞めたら損になるわけです。

 はい。そうなると定年まで働き続けるのが原則と考えられるようになり、長期雇用慣行が一般的になったわけですね。

 その通りです。したがって**長期雇用というのは**、国が政策として強制的に実施したようなものではなく、そもそもは**企業側がメリットを感じて導入したもの**だと言えます。

また長期的な関係を考慮すると、労働者側は企業に対して賃金などの労働条件面で過度な要求をすることは自分の首を絞める可能性があります。社内預金を返してもらうまでは、会社が潰れてしまったら困るわけですから。こうして企業業績などの個別の事情に配慮した労働条件交渉が行われるようになったわけです。

 欧州などでは企業を超える形で横断的に労働条件を決めることが多いようですが、かなりの違いがありますね。

新卒一括採用はなくならない

 はい。ここで何が言いたいのかというと、新卒一括採用は、企業と学生の

双方にとってメリットがあって生まれた仕組みだということです。そのためなかなかなくすことができないのです。

 学生にとっては、大学を卒業後にすぐに働き出すことができるというのは、大きなメリットです。欧州では25％近い若年失業率の国もあるなど、経験者採用の国だと若者が就職に苦労するのです。これに対して、未経験者でも雇ってくれる一括採用だと、低い失業率になります。

 また働き方を取り巻く**さまざまな仕組みにはお互いに支え合っているという補完性があり、一部だけを変えることはできない**、あるいは、非常に難しいということも重要です。

新卒一括採用だと、新卒時にうまく就職活動ができなかった学生や、景気が悪いタイミングで卒業した学生が不利益をこうむる。だから通年採用をすべきだとか新卒一括採用をやめるべきだといった意見もあります。

しかしそうすると、たとえば低い若年失業率などの、日本的な雇用の良いところも同時に失うことは理解しなければなりません。

 それは失いたくない重要な要素ですね。

 そうです。ですから私は、**新卒一括採用はなくならない**と考えています。もちろん再チャレンジの機会を充実させるなど、できる限りの取り組みは必要です。またこれまで議論してきたように、スキルが問われるような仕事については、学生のうちから実際にやってみた実績が求められるなど、変化はあると思いますが。

就活支援サービスを利用すべきか？

 わかりました。それでは次にいきましょう。

> 問22：就職活動を支援してくれる企業やサービスを多く目にします。ネット上では、就活塾やエージェントの広告を見ない日はないといっていいくらいです。これらはどのように活用すればよいのでしょうか。

 はい、なかなか答えにくい、難しい質問です（笑）。

まず、雇用関係が成立するのを支援するビジネスを**雇用仲介事業**と言います。そして仕事を探している人と労働者を必要としている企業の間に立って、関係が成立するように世話をすることを斡旋（あっせん）と言い、**職業紹介事業として法的な規制の対象となっています。**

これに対して、情報提供をするだけであれば、ほとんど規制はなく、自由にビジネスを行うことができるというのが現状ですね。

 安藤先生も、厚生労働省の研究会で雇用仲介事業の在り方について議論に参加していましたね。

 はい。そして有料で職業紹介事業を行う際には、その事業者がお金を受け取ることができるのは、一部の例外を除いて企業側からだけとされています。つまり、**仕事を探す労働者側からはお金をとってはいけないとされている**のですね。

これは労働者にとってはありがたいことのように思えますが。

 そうでしょうか。確かに、お金を払わないのに関係が成立するように世話をしてもらえるという点では得をしているように感じるかもしれません。

しかし、**職業紹介事業者は誰のほうを向いてビジネスを展開するでしょうか**。やはり実際にお金を払ってくれる企業のほうを重視しませんか。

 その可能性はありますね。ただし、求職者に不利なことばかりやっていたら、あそこでは良い条件の仕事に出会えないという噂が立って、維持はできないと思いますが。

 そのような**評判による一定の歯止めはあります**。しかし、お金を払っていない利用者というのは、率直な言い方をしてしまえばやはりお客さんとは言えないのですね。

それでは**就活塾や就活エージェント**はどうでしょうか。就活塾は、学生が就職した実績を上げないと集客に影響があるので、真摯に向き合ってくれる可能性はあります。しかし、宣伝されている実績が本当かどうか確認できないケースもありますね。

また就職エージェントは、基本的には企業から収入を得ていますから、学生のためにというよりも企業側を向いて仕事をしている場合があります。**その点は、きちんと見極めてサービスを利用しなくてはいけません。**もちろん、全部が全部ではありませんが、内定がほしいという学生の気持ちを利用した悪質な事件も起きていますから、その点は注意が必要です。

はい。それを防ぐためにはどうすればよいのかが重要ですね。

私は、やはり**大学や行政のサービスを利用すること**を**お勧め**します。大学のキャリアセンターや都道府県が設置するジョブカフェなどです。学生の視点からは、大学や行政のサービスを使うなんて格好悪いというような気持ちがあるかもしれません。また大学の教職員に相談するよりも、ビジネスの現場を見ている民間企業のほうが信頼できるといった考え方もあるかもしれません。

しかし、大学は卒業生の就職実績を伸ばしたいという思いがありますし、行政機関は無料の良いサービスが思いのほか揃っていることがあります。100パーセント安全ということはないですけど、利用しない手はないですよ。もちろん、信頼できる民間のサービスを並行して利用するのもよいと思います。

焦らずに計画的に動く

はい。**内定が出ないと焦ってしまいます**が、そんなときこそ冷静になって行動していきたいですよね。周りの友達が次々と内定を決めていくなかで自分だけが内定が出てないと焦る、親にもなかなか言えない。そうする

と、内にこもってしまうか、もしくは、「人事とつながっているから」などという先輩のうまい話に乗ってしまうなんてこともありえますからね。

就活で重要なのは、焦らずに計画的に動くことです。うまくいかない学生によくあるパターンとして、特定業界の有名企業ばかり受ける。そしてESや筆記試験の段階で落とされてしまうか、面接に進んだとしてもなかなか結果が出ない。それで焦って別の業界や中小企業も受け始めるが、しっかりと調べていないので、そこでも相手にされないといったケースがあります。

そうではなく、広く人材を求めている企業でまずは内々定を得てから、より志望度が高い業界や企業に進んでいく。そしてより良い企業に決まったら、これまでの内々定は辞退する。こうした**ステップアップをしていく方式のほうが、結果的にうまくいく**でしょう。ちなみに私はこれを「わらしべ長者戦略」と呼んでいます。

面白いですね。ゲームなどでもいきなりラスボスとは戦わないですものね。

注目されているリファラル採用とは？

さて、就職活動の多様化という意味では、社員からの紹介で採用のプロセスが始まる**「リファラル採用」なども注目されています**よね。中途採用であれば、仕事での働きぶりがわかったうえでの社員による紹介になるわけですから、その利用に関しては納得感があるんですが、新卒採用でもこのリファラル採用が活用され始めていることの合理性はなんなのでしょう

か？

はい。たとえばゼミや運動部の先輩だった現役社員が後輩の学生に声をかけることを想定してみてください。社員の紹介で採用された場合には、その新入社員が企業内で真面目に働く可能性が高くなります。

なぜなら、**サボったり評判を落とすような行為をすると、仕事を失うだけでなく、ゼミや運動部での人間関係も損なってしまうから**です。

このように、職場で同僚として働くだけでなくゼミのOB・OGとしても接点があるといった**多面的な接触がある場合**には、取引当事者による望ましい行動を実現しやすいという性質があり、これを経済学では**「マルチ・マーケットコンタクト」**と言います。そして実際に、さまざまな採用形態の中で、**社員の紹介で採用されたケースでは、労働者の成果が高かったり勤続年数が長かったりするといった結果も報告されています。**

リファラル採用とは、言い換えればコネ採用なわけで、一般の学生からすれば理不尽なものに見えます。しかし、それには**一定の合理的な理由がある**という点が興味深いですね。

それでは話変えて、ここ数年でとても注目された「働き方改革」についても考えてみましょう。

> 問23：最近「働き方改革」という言葉を聞きます。なぜ改革をするのか、またどのような方向性の変化なのか教えてください。

「働き方改革」はコロナ禍の前には本当によく聞いたキーワードでした。これは労働環境の改善を目指す取り組みであり、労働時間に上限規制が設

けられることや同一労働同一賃金のルール導入など、企業の現場にも大きな影響を与えています。

「働き方改革」の背景

 そうですね。まず**その背景にあるのは、これからの人口減少による人手不足と、技術進歩による失業の増加**です。

 はい。人手不足対策としては、多様な働き方を可能にすること、そして雇用形態に関係なく公正な待遇が確保されることを通じて、その多様な働き方の実現をサポートすることなどがありますね。

 そうですね。また健康被害を起こしかねない長時間労働を規制することにより、過労による被害を減らそうとする取り組みも、見方を変えれば人口減少下での労働力確保のためにも必要だと理解することができます。

健康被害がなければ、働くことを通じて社会に貢献できたはずの人が心身の不調により働けなくなってしまう、場合によっては亡くなってしまう。このようなことは**人権問題というだけでなく、労働力の維持・確保という経済合理性の観点からも、防がなければならない**のです。

 ずいぶんと冷たい見方にも思えますが……。

 はい、確かにそうですね。でも、健康被害を減らすことをより確実にするためには、それを**正当化する理由が多ければ多いほど実現をより確実なものにする**わけです。したがって労働力確保という見方も、あってもよいと

考えます。

 また生産性の向上も、働き方改革の大きな柱ですが、これも労働力不足への対策と言えますね。

 はい。

働き方改革の背後にあるもう1つの大きな課題は、技術進歩による失業でした。これまでやっていた**仕事を失ってしまった人が、人手不足の業界にスムーズに移行できれば問題は小さい**でしょう。しかし、現実にはなかなか難しいわけです。

 そうですね。人手不足というと、建設技能労働者や医療・介護分野の労働者などが代表的ですが、失業した人がすぐにその分野で働くことができるかといったら難しそうですね。

 はい。そのために円滑な労働移動の支援を目的として、**教育訓練の充実なども働き方改革の具体的な施策として取り入れられている**わけです。

 いまは晩婚化も進んでいますし、子どもを持つタイミングも遅くなっています。そうすると、たとえば50歳代で仕事を失ったケースなどを考えても、親の介護もあるし子どももまだ大学に行っているというような**非常にお金がかかる時期に収入を失うことになります**。再就職を円滑に行うように支援することは大切ですね。

「やりたい」仕事と「やりたくない」仕事

 その際に**大事なのは、職種について食わず嫌いをしないこと**だと思います。これは大学生の就職活動でも共通していますが、「この仕事をやりたい」という希望の裏側に、「これはやりたくない」という思いが垣間見えることがあります。

その代表が営業です。逆に、たとえば広報や商品開発、マーケティングのような華やかな仕事を好む学生は昔から多くいます。人事などもそうですね。しかし、よく話を聞いてみると、顧客を開拓して商品を売り込んでのような営業活動をしたくないだけというケースもあるんですね。

 手厳しいですね。

 しかし、**どんな仕事も営業の要素はあります。**その対象となる相手が同じ企業の別の部署の人間かもしれませんが、やはり仕事を進めていくうえで

は、何らかの説明や説得により合意形成していくことなどは避けられないわけです。

そのような観点から、私は学生に対して営業を嫌がらないでほしいと考えています。**さまざまな経済活動の基本**ですから、そこをきっちりとこなして、顧客からの要望などを受け止めることができてから次のステップに進むということも考えるべきでしょう。

そして転職や再就職の際に、食わず嫌いをするのではなく、あなたの経験やキャリアからはこの仕事で案外活躍できるかもしれませんよという専門家のアドバイスをよく聞くことが重要だと思います。**変化の激しい時代には、前と同じ働き方が社会から求められるとは限らない**わけですから。

 それでは最後の質問です。第3話の問9でも扱った内容ですが、最近はワークライフバランスを重視する学生が非常に増えています。そこでもう一度考えてみましょう。

> 問24：ワークライフバランスという言葉をよく聞きます。でも若いうちには仕事に打ち込んでスキルを高めるべきだという意見もあります。これから就職する学生は、ワークライフバランスについてどのように考えればよいのでしょうか？

 まず日本でキャリア、キャリアと騒がれ始めてから、まだまだ日が浅いですよね。私が就職活動をしていた10年以上前には、会社説明会やOB訪問でも、個人のキャリアパスや働き方について質問をする学生はほとんどいませんでしたし、企業側もそういった個人のキャリアパスを示すというような説明はなかったと思います。

また、どちらかというと、就職活動をする学生側にも、企業のためにまずはしっかりと働くことが基本といった感覚もありましたし、企業側にもそういった話のわかる学生を求めている節がありました。

それが数年前から、**会社説明会においては、自分自身のキャリアパス、ワークライフバランス、キャリアに伴う制度の取得のしやすさなどが学生からの質問のメイン**になってきて、**企業側も仕事内容よりもキャリアや働き方についての特色を企業の売りとして、前面に押し出すことも多くなりました。**

「ライフ」は大事だが「ワーク」も大事

それは、ここ数年の採用においては、しばらく採用においては売り手市場が続いていたことも関係しているでしょうね。人手不足の中で、学生に入社してほしいとなれば、どうしても働きやすさをアピールすることになりますから。

しかし、古い人間の言うことのようですが、**若い時期には仕事に打ち込むことは悪くない選択だと考えています。** もちろん、これは好みに基づいて選択する問題なわけですが。

ある時期に集中して働くことでスキルが向上して、お金を稼ぐ能力も高まる。そして仕事面で活躍することを希望する労働者がいてもいいと思うのです。そして、**仕事ができると仕事が楽しくなります。** お金のためだけに働くのではなく、仕事そのものから満足度や達成感を得ることも考える必要があるでしょう。

それは昔ながらの働き方ですよね。いまの若者の中には、職場で目立ちたくないという人も多いようですよ。目立つと叩かれやすいとか、いまの部署から動くことが難しくなるなどの理由で、成果を出しすぎないようにすることもあるそうです。

そして**実績や達成感は、会社の外でも実現できる**し、その方が**選択肢が広がる**といった考え方もあります。

 はい、そうかもしれません。選択肢が増えたのは良いことですね。しかし少なくとも**ワークライフバランスというのは、ライフを充実させることだけが正解ではないはずです**。また人生のステージごとに、この時期はワークを充実させて、別の時期にはライフを充実させるといった変化があってもいいわけです。

 確かにそれはそうです。

 加えて、これはプライベートな領域に入ってしまいますが、あえて触れるとするなら、いずれ結婚して配偶者や子どもとの生活を考えるのであれば、**どのような相手と結婚するのかというのも、ワークライフバランスを考えるうえで重要**になります。

たとえば、配偶者が転勤になったときにどうするのか。離れて生活すると

いうパターンと、一緒に生活する道を探すというパターンが考えられます。一緒に生活するためには、どちらかが仕事の面で譲歩する必要がありますね。たとえば、どちらかが同じ地域への異動願いを出すことも考えられますし、転勤のない雇用形態への転換もあるでしょう。また、いまの会社を辞めて別の会社を探すことなども考えられます。

子どもが生まれれば、やはり熱を出したら迎えに行かなければならないなど、さまざまな課題に直面します。そのとき、どちらが仕事を切り上げて迎えに行くのか。また病気で学校を休むときには、どちらが休暇をとって付き添うのか。

 若いうちにはあまり考えませんが、重要な問題ですね。

家族で考える「ワークライフバランス」

 これまでは女性がそのような環境の変化を受け入れることが多くありました。たとえば、夫の転勤について行くために会社を辞めるとか、子どもの迎えは当然のように妻の仕事とされるといった風潮もあったわけです。

しかし最近は、そのような性別に基づく役割分担に対する考え方は変化しています。育児に積極的な「イクメン」など少し前にも注目されました。

 仕事の面でも家庭の面でも、夫婦でバランスよく役割分担をするのが、いまの若い人の多くにとっての理想なのかもしれません。

 ただし、たとえば、保育所に入れるのが大変だったり、子どもが小学校に

入ると今度は学童保育を探すなど、子育てにはさまざまなイベントが訪れます。そして、仮に「家事や育児は半分ずつ」などと約束していたとしても、維持するが難しくなることも多いのです。

たとえば、これまで夫婦の一方が年収600万円で、もう一方が300万円だったとします。そして、子どもが生まれたことで働き方を抑制しなければならなくなったとします。このとき2人とも**平等に仕事をセーブするのが望ましいとは限りません。**

 そうですね。**世帯収入を維持する観点からは**、収入が低いほうが仕事を抑制することが、経済学の視点からは合理的な選択という話ですね。

 はい。そうなんです。「世帯収入を維持する観点からは」という前提条件がついていることには注意してほしいわけですが、その通りですね。もちろん、これは**当事者どうしでよく話し合って決めることだというのが基本**です。

ただし、男性も女性も、自分がどんな配偶者と結婚するのかが、その後の仕事と家庭生活の両面でとても大きな影響を与えることは理解する必要があります。結婚相手は、「好きだからこの人と結婚する」というだけでなく、今後の人生設計も当然ながらよく考えて決める必要があります。

たとえば、夫婦の両方が「自分が家族の生活を支えるためにしっかりと働き、配偶者には家計補助的な収入しか期待しない代わりに家事育児を多く担当してもらう」といった役割分担を希望していたとしましょう。この場合、**2人の希望を両立させることはできません**ね。

 そうですね。難しい問題ですが、たとえば子どもは0歳から保育所に預け

て2人とも仕事を優先するといった第3の道も含めて、よく話し合う必要
があることはわかります。

 私たちは、このような家庭内の役割に関する話し合いも含めて、キャリア
を考える必要があります。なぜなら、仕事と家庭生活は人生において不可
分な関係にあるからです。

 わかりました。**ワークライフバランスは、1人だけで考えるものではな
く、家族と一緒に考える。またその最適なバランスはライフステージによ
って変化しうるという点は注意したい**ですね。

おわりに

 さて、本書で扱う内容はここまでとなりますが、高橋さん、いかがでした か？

 そうですね。キャリアコンサルタントとして学生の就職活動については実 態を把握しているつもりでしたが、**経済学の視点から整理するとこのよう に見える**といった点が新鮮でした。

 はい。私も高橋さんの取り組みを通じて、多くのことを学んだと思います。 特に、学生の相談に対して、かなり時間をかけて話を聞いていること、ま たすぐに答えを提示するのではなく、**自分で考える時間**を十分にとってい ることが印象的でした。

 自分でしっかりと考えてたどり着いた答えでなければ、長い就活において 自信を持って企業に伝えることもできません。そのためにアドバイスはす るものの、学生さんが自分で気づくことが重要なのです。

また、新卒での就職活動についてだけでなく、**長い労働人生の全体を考えてキャリアに向き合う**、そして定期的に見直すという視点は、学生にとっても参考になったと思います。

この点に関しては、やはり女性のほうが、結婚や出産などを機に働き方を変える機会が多いのが現状であり、特に女子学生に対しては女性から説明したほうが良いポイントかもしれません。

そうですね。しかし、1人の学生の相談に対応するだけで、これだけの時間がかかってしまうとなると、**困っている多くの学生の全員に対応することはできません。**

大学のキャリアセンター主催での講演や研修などでは、多くの学生に対して話をすることもできますが、一対一での面談とは異なり、ここまで丁寧には対応できないのは仕方がないことです。

だからこそ本書のような形で、学生の悩みに向き合う対話をまとめておくことは有益だと思います。

はい。

ところで先ほど「経済学の視点からこのように見える」といった整理が新鮮とお話しされていましたが、たとえばどんな点が面白かったとかありますか?

そうですね。**情報の非対称性とその解消というキーワード**で就活をかなり統一的に理解していく点は、経済学部出身ではない私には興味深い考え方でした。

はい。本書で強調したかったのは、**就職活動の鍵は不安の解消という点**です。そしてこれから大学を卒業して働き出す皆さんに伝えたいのは、他人の不安や懸念事項に気づいて、それを解消する取り組みができるか否かが仕事での活躍にも直結するという事実です。

そもそも就職活動というのは、自分という最もよく知っているはずの「商品」を相手に売り込む最初の機会であるわけです。そこでうまく振る舞えない人が仕事では活躍するというのも想像しにくいわけです。

採用担当者に対して、「この学生なら採用を決めて大丈夫」という安心感を与えることができるように、十分な準備をしましょう。

 新入社員に対して、まずは「上司に対して、報告・連絡・相談をしよう」という、いわゆるホウレンソウの重要性が伝えられるのも、**安心して仕事を任せられる人材**でなければ、戦力としてカウントされにくいからですね。

 商品やサービスを潜在的な顧客に売り込む際も、不安の解消は重要です。「本当に美味しいかな」とか「効果があるかな」と不安な相手に安心して、その不安を打ち消すことができれば取引の成立はもう目前です。

 はい。本書で学んだことの多くは、実はこれからの長い仕事人生においても有用ですね。

 その通りです。読者の皆さんにも活用していただきたいと思います。

 今日はありがとうございました。

 こちらこそありがとうございました。

【安藤先生の就活ひとことメモ】

陸上競技の走り高跳びでは、
いきなり新記録に挑戦することはありません。
クリアできる高さから始めて、より高い目標に挑戦します。
就活も同じです。できる課題を確実に達成することで
成功体験を積みましょう。

就活最強の教科書
Worksheet
ワークシートの使い方

本書に登場した履歴書（サンプル）や演習シートをこちらにまとめて
おきましょう。またそれぞれの使い方も説明してあります。なおここに
掲載したシートなどは、本書のサポートサイトからも印刷して利用
できるように準備してあります。ぜひご活用ください。

サポートサイト　https://tune-office.com/shukatsu/

第 1 話：大輔がチャレンジしたエントリーシート（ES）

　第 1 話では、大輔が ES への記入を求められました。また話の最後では、同じサンプル
を用いて、理想の ES を書く取り組みを行っています。皆さんもこの 2 つの課題を実際に
やってみましょう。

　この ES では、志望動機と学生時代に力をいれたことをそれぞれ 800 字以内で書くこ
とが求められています。実際に ES を書く際には、いきなり記入しないことが重要です。
それは手書きが求められるケースでも同じです。効率的な取り組み方としては、次のよう
な方法がよいでしょう。

---

① まずはどのような内容をどのような構成で書くのかを別のノートや紙にまとめます。

② マイクロソフト社の Word など、文字数のカウント機能がついている文書作成ソフトを
用いて、文字数の条件を超えるように少し長めの志望動機や自己 PR を書きます。その際に
は、これまでに作って自信がある自己 PR などを参考にしても構いませんが、あくまで 1 社
ごとに求められている人物像には違いがあることに注意して、適切な内容を考えて作成し
ます。

③ 過剰な修飾語があれば削除し、また不明確な表現はできるだけ具体的な数字に置き換え
ます。文字数の条件を満たすように、優先順位が低い部分もカットして、全体のバランスを
整えます。

④ 声に出して読み上げてみる、またフォントを別のものに変えて (例えば明朝体であったも
のをゴシック体にするなど) 読み直すなどをして、引っかかる部分や不自然な部分がないか
を探します。

⑤ 手書きが求められている場合には、読みやすい文字になるように注意して記入します。

なお、ここでの取り組みを行う際には、第4話で翔が友達と考えた自己PRのチェックシート（pp.162-163）や、翔が書いた自己PR（p.174-175）、また大輔が考えた理想のES（pp.62-64）も参考にしてください。

■あなたが当社を志望した理由を教えてください。(800字以内)

■あなたが学生時代に力をいれてきたことを教えてください。(800字以内)

第2話：大輔が記入した3つの円

　第2話では、自分にあった仕事を探すための取り組みとして、やりたいこと・できること・社会から求められることの三条件を考えました。またその条件に重なる部分がないかを検討しました。皆さんもこの課題に取り組んでみましょう。

　その際には、社会や企業から求められることは時間を通じて変化していくことにも注意しながら記入することが重要です。

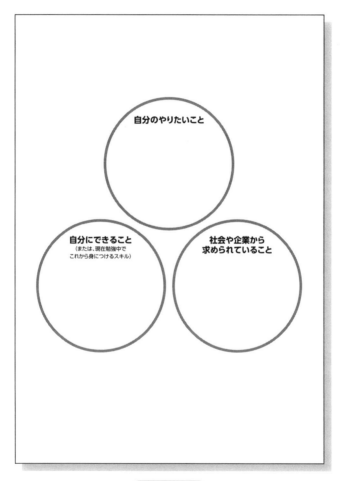

第3話：翔が考えた理想の働き方

　第3話では、翔が自分にとっての理想の働き方を考えました。その際にワークシートなどは使わず、ノートに直接記入しています。皆さんも、現時点でどんな希望でも叶えられるとしたら、どのような働き方を理想だと考えますか？　もちろん何も制約がなければ、楽で達成感があって高給な働き方を希望するかもしれません。しかし楽なのに達成感があるというのは両立が難しいはずです。

　どのような働き方が実現可能な範囲で理想なのかも考えてみましょう。

■ 理想の働き方

入社5年目まで

入社5年目以降

入社10年目以降

その他

第4話：翔が取り組んだ300字の自己PR

　第4話では、時間制限がある中で自己PRや志望動機を伝えるという取り組みを行いました。その際に、1分間で伝えられる分量として、300字という制限を設けて、その範囲内に収まるように編集しています。皆さんも、実際に800字制限で書いた志望動機とガクチカ（学生時代に力をいれたこと）をそれぞれ300字にまとめてみましょう。

　参考までに、横書きの原稿用紙で300文字のところに線を引いたものを掲載しておきます。実際に1分間で説明できる内容であることが重要なので、厳密に300文字を守る必要はありません。またワープロソフトを使って書くほうが効率的ですが、どのくらいの分量なのかの目安として利用してみてください。

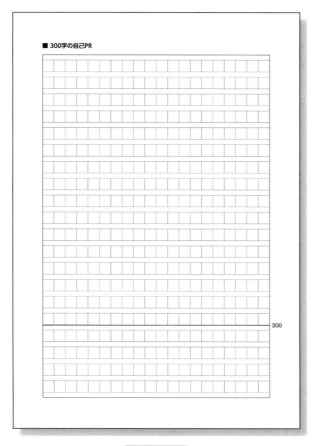

■ 300字の自己PR

300

第 5 話 : さくらの仕事で身につけられるスキルと技術進歩により代替される可能性

　第 5 話では、2 つの会社から内々定を得たさくらが、どちらの仕事を選ぶべきかを検討するための材料として、演習 1 と 2 を行いました。皆さんも、自分が働きたい企業や仕事内容を想定して、その仕事から得られるスキルについて、またその仕事が失われる可能性について考えてみましょう。

■演習1：自分の希望している職業で身につけられるスキル、身につけたいスキルを挙げてみよう。

■演習2：そのスキルが、将来的にどのような技術進歩により代替される可能性があるのかを考えてみよう。

第5話：さくらのキャリアプランとアクションプラン

　第5話では、さくらがこれからどのような仕事をしたいのか、また達成したい目標を考えたキャリアプランを演習 3 として考えました。またそのキャリアプランを実現するために必要な取り組みについて、演習 4 のアクションプランを考えました。皆さんも、自分の将来の働き方について検討してみましょう。

■演習 3：キャリアプラン
これからどのような仕事をしたいのか、また達成したい目標を考えて、キャリアプランをつくってみよう。
具体的に、3年・5年・10 年以内に実現したいことを考えよう。

現在の私の目標	
3年以内	仕事の内容
5年以内	仕事の内容
10年以内	仕事の内容

■演習 4：アクションプラン
自分のキャリアプランを実現するために、どのような取り組みをするのか。
会社の中で行う活動と個人として行うものを分けて、アクションプランをつくってみよう。

会社の中で行うこと	
3年以内	
5年以内	
10年以内	
個人として行うこと	
3年以内	
5年以内	
10年以内	
その準備として、今できること・しなければいけないこと	

ワークシート ❶

■あなたが当社を志望した理由を教えてください。(800字以内)

■あなたが学生時代に力をいれてきたことを教えてください。(800字以内)

■ やりたいこと・できること・社会から求められることの3条件

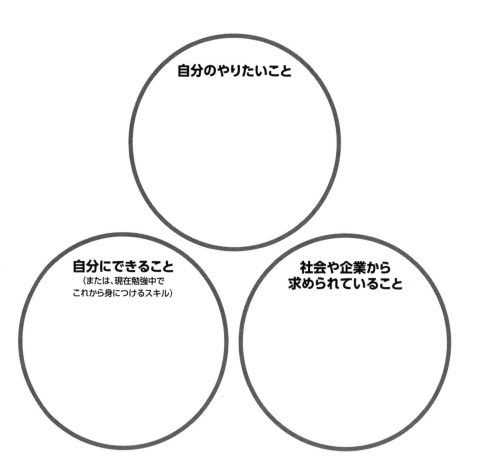

自分のやりたいこと

自分にできること
（または、現在勉強中で
これから身につけるスキル）

**社会や企業から
求められていること**

■ 理想の働き方

入社5年目まで

入社5年目以降

入社10年目以降

その他

■ 300字の自己PR

300

■**ワークシート ⑤**

■**演習1**：自分の希望している職業で身につけられるスキル、身につけたいスキルを挙げてみよう。

■**演習2**：そのスキルが、将来的にどのような技術進歩により代替される可能性があるのかを考えてみよう。

ワークシート ❻

■演習 3：キャリアプラン

これからどのような仕事をしたいのか、また達成したい目標を考えて、キャリアプランをつくってみよう。
具体的に、3年・5年・10 年以内に実現したいことを考えよう。

現在の私の目標	
3年以内	仕事の内容
5年以内	仕事の内容
10年以内	仕事の内容

■演習 4：アクションプラン

自分のキャリアプランを実現するために、どのような取り組みをするのか。
会社の中で行う活動と個人として行うものを分けて、アクションプランをつくってみよう。

会社の中で行うこと	
3年以内	
5年以内	
10年以内	
個人として行うこと	
3年以内	
5年以内	
10年以内	
その準備として、今できること・しなければいけないこと	

著者紹介

安藤至大（あんどう・むねとも）
日本大学経済学部教授

1998年に法政大学経済学部を卒業後、東京大学大学院経済学
研究科に進学し、2004年に東京大学博士（経済学）の学位を
取得。政策研究大学院大学助教授、日本大学大学院総合科学研
究科准教授などを経て、2018年より現職。専門は、契約理論、
労働経済学、法と経済学。社会的活動として、厚生労働省の労
働政策審議会労働条件分科会で公益代表委員などを務める。著
書に『これだけは知っておきたい 働き方の教科書』（ちくま新
書、2015年）や『ミクロ経済学の第一歩 新版』（有斐閣、2021
年）などがある。また2012年から2018年までNHK（Eテレ）
で放送された経済学番組「オイコノミア」では講師役を担当した。
Website：https://munetomoando.net
連絡先メールアドレス：ando.munetomo@nihon-u.ac.jp

高橋亮子（たかはし・りょうこ）
TUNE代表、国家資格キャリアコンサルタント

2006年に早稲田大学を卒業後、大手鉄道会社に就職し、複合
ビル・店舗開発等の業務に従事する。2015年に政策研究大学
院大学修士（公共経済学）を取得。2018年より「働き方をtuning
する」という観点からTUNEを設立。企業における雇用・労働
改善に関する調査やコンサルティングのサポート業務、また大
学生の就職活動支援や執筆活動などを行っている。なお本書で
は、イラストも担当している。
TUNE Website: https://tune-office.com
連絡先メールアドレス：ryoko.a.takahashi@tune-office.com

本書のワークシートは、サポートサイトにも掲載されています。
必要に応じて印刷して御活用ください。
https://tune-office.com/shukatsu/

経済学部教授と
キャリアコンサルが教える
就活最強の教科書

2021年9月15日　1版1刷

著　者	安藤至大
	高橋亮子
	©Munetomo Ando, Ryoko Takahashi 2021
発行者	白石　賢
発　行	日経BP
	日本経済新聞出版本部
発　売	日経BP マーケティング
	〒105-8308　東京都港区虎ノ門4-3-12
装　幀	夏来　怜
イラスト	高橋亮子
ＤＴＰ	マーリンクレイン
印刷・製本	シナノ印刷株式会社

ISBN 978-4-532-32424-7

本書籍に関するお問い合わせ,ご連絡は下記にて承ります。
https://nkbp.jp/booksQA

Printed in Japan